I0504794

SMART BUSINESS

SAVOIR VENDRE

DOMINEZ VOTRE MARCHÉ ET TRANSFORMEZ VOUS EN MACHINE À SUCCÈS

SMART BUSINESS SAVOIR VENDRE

DIAKITÉ JEAN-RAYMOND

Avis de non-responsabilité : Les informations contenues dans ce livre sont fournies à titre indicatif uniquement.

L'auteur et l'éditeur de ce livre ne peuvent être tenus responsables de l'utilisation qui pourrait être faite de ces informations.

Les lecteurs sont encouragés à consulter un professionnel pour toute question ou préoccupation personnelle ou professionnelle.

Copyright © 2023 Diakité Jean-Raymond - Tous droits
réservés.

Toute reproduction, distribution ou communication au
public, intégrale ou partielle, de la présente publication,
sous quelque forme ou par quelque moyen que ce soit, est
strictement interdite sans l'autorisation écrite de l'éditeur.

Code ISBN : 9798393688318
Marque éditoriale : Independently published

Tables des matières

Cher(e) lecteur/trice,

Tout d'abord, je tiens à vous remercier d'avoir choisi mon livre. Je suis convaincu que vous allez y trouver de nombreuses inspirations et enseignements qui vont vous aider à avancer sur votre chemin de vie.

Je vous invite à scanner le QR code ci-dessous :

Les questions que vous allez trouver dans ce questionnaire portent sur des sujets clés tels que la couverture de mon livre, vos préjugés et vos freins à l'achat.

Vos réponses vont m'aider à améliorer mon processus de vente et à créer des livres encore plus impactants et pertinents pour vous.

Je tiens à vous remercier d'avance pour votre contribution précieuse à mon travail d'auteur.

Votre avis compte énormément pour moi, et je suis certain que vous trouverez ce questionnaire intéressant et agréable à remplir.

PRÉAMBULE

SMART BUSINESS - SAVOIR VENDRE

Vous tenez entre vos mains un livre qui peut changer votre vie professionnelle. Avant que nous entamions ce voyage ensemble, je voudrais prendre quelques instants pour vous parler de l'importance du sujet que nous allons aborder.

La vente est l'un des domaines les plus critiques de tout secteur d'activité, mais elle reste souvent mal comprise et sous-estimée.

Pourtant, la maîtrise de *l'art de la vente* peut faire la différence entre *le succès et l'échec* pour une entreprise, un entrepreneur ou un commercial. J'ai consacré des mois de travail à écrire ce livre pour vous aider à acquérir les compétences et les connaissances nécessaires pour devenir un vendeur à succès. Je suis convaincu que vous en retirerez une grande valeur et je suis honoré de partager cette expérience avec vous.

Il est largement répandu de reconnaître l'importance fondamentale de la vente en tant qu'art majeur dans nos interactions quotidiennes.

Écoutez ce que certains ont à dire à son sujet:

"Je ne pensais pas que la vente était importante jusqu'à ce que je réalise que je passe la majeure partie de ma journée à persuader les autres, que ce soit pour un projet au travail ou pour organiser une sortie entre amis. Savoir vendre est donc un atout clé dans ma vie." - Silvia, 29 ans, chef de projet.

"En tant que vendeur moi-même, je suis constamment à la recherche de nouvelles techniques pour mieux vendre. Et même en dehors du travail, ces compétences sont essentielles pour convaincre ma famille et mes amis de me suivre dans mes projets." - Jo, 35 ans, commercial.

"La vente est la vie de toute entreprise. Sans la vente, une entreprise ne peut pas survivre. C'est pourquoi il est si important de comprendre les mécanismes de la vente et de les utiliser pour réussir. En tant qu'entrepreneur, j'ai réalisé que la vente était la clé de la réussite. C'est la raison pour laquelle j'ai passé des années à étudier les techniques de vente et à les mettre en pratique. Et cela a payé : j'ai bâti un empire commercial en utilisant les stratégies de vente que j'ai apprises. Pour moi, la vente est le cœur de toute entreprise prospère, et il est impératif que tout entrepreneur investisse du temps et de l'énergie pour maîtriser cet art." - Richard Branson, fondateur de Virgin Group.

Comme vous pouvez le voir, la vente est partout dans notre vie quotidienne, que ce soit au travail ou en dehors. C'est pourquoi j'ai voulu écrire ce livre, pour aider les personnes qui veulent améliorer leur technique de vente et de persuasion.

Le Smart Business, ou le Business Intelligent, est une notion qui évoque une entreprise performante et en constante évolution. Pourtant, ce concept ne peut être atteint qu'en maîtrisant une compétence clé : la vente.

Avant d'acquérir toutes les autres compétences nécessaires pour développer votre entreprise, vous devez savoir vendre. En d'autres termes, la vente est l'élément fondateur de tout Smart Business.

MISE EN CONTEXTE

Qu'est-ce qu'un livre parlant d'un Smart business ou Business intelligent ? Au cas où vous ne l'auriez pas compris, ce livre s'adresse aux passionnés de la vente prêt à faire des concessions sur les plaisirs néfastes et obstacles de leurs parcours.

Ce que j'appelle plaisir néfaste, ce sont les distractions à la productivité de chacun, vous devez comprendre qu'il faut couper les liens dès maintenant avec ces choses de façon à ce que vous soyez le moins addict et le plus libre possible.

Ce livre est donc logiquement destiné aux passionnés de business et de vente qui sont prêts à faire des compromis pour mettre en pratique la philosophie présentée.

Mon but n'est pas de saturer le marché avec d'excellents vendeurs, mais plutôt de fournir une opportunité pour ceux qui ont appris à comprendre et à maîtriser les leviers les plus puissants du monde des affaires, pour se distinguer de leur entourage et atteindre le succès qu'ils méritent.

Notez aussi que l'information est ce qui vous construit tous les jours, évitez donc de regarder sans recul les personnes qui vous choquent et d'absorber leurs propos.

Je vous conseils de vous demander selon votre expérience pourquoi cette personne fait t'elle si et comment fait-elle ça et profitez s'en pour que les personnages ayant failli vous amené à consommer à travers leurs tunnels de vente, vous servent d'exemple à reproduire dans votre business en mixant plusieurs points qui vous plaisent. ÇA C'EST SMART.

Restez exposés seulement aux personnes à qui vous voulez ressembler (des personnes éloquentes et réalistes).

Chaque soir, je parie que vous vous adonnez à un petit rituel, celui d'écouter un influenceur connu pour dire des bêtises.

Cela vous divertit un peu, mais un jour, lors d'un entretien avec un prospect censé être un possible gros contrat, vous répétez accidentellement l'une de ses conneries. Vous sentez immédiatement que vous allez perdre cette vente.

Vous vous sentez bête, et même si le prospect semble s'en moquer, vous savez que cela ne doit plus jamais se reproduire. Furieux, vous rentrez chez vous et sans réfléchir, vous désinstallez toutes les applications non nécessaires à votre business.

Depuis, vous vous sentez libre et moins pollué. Alors pourquoi ne pas faire de même ?

Notre histoire est marquée d'hommes de pouvoir voulant laisser leurs empreintes au fil du temps, s'ils auraient pu vendre une meilleure image d'eux ...

CHAPITRE I - ÊTRE LE PIRE VENDEUR ?

Quelles sont les raisons pour lesquelles savoir être un mauvais vendeur peut être bénéfique et crucial dans certaines situations ? De nombreuses personnes ont une perception faussée de ce qui constitue un bon vendeur. Afin de prospérer dans le domaine des affaires, il est primordial de saisir les erreurs fréquemment commises par les vendeurs et de les éviter.

Savoir être le pire vendeur peut sembler contre-intuitif, pourtant c'est une étape cruciale pour devenir meilleur.

Un bon vendeur écoute ses clients et se tait pour comprendre leurs besoins, leurs objections et pouvoir argumenter en étant persuasif.

Est-ce que cela vous est déjà arrivé d'être ailleurs pendant qu'une personne vous parle intensivement. Si vous avez déjà vécu cette situation, les paroles exactes de la personne ne vous reviennent pas à l'esprit.

La plupart des prospects qui se retrouvent submergés par un tas d'informations inutiles, qui en réalité ne leur serviront pas à grand chose pourrait ne jamais être fidéliser.

Si vous avez déjà eu le bonheur de faire une vente, oui vous savez le bonheur que cela procure de faire plaisir à une personne qui voudrait vraiment votre produit ou service... or les vendeurs utilisant la technique illustré ci-dessous n'obtiendrons jamais de vrais oui mais un oui qui se finira en "Oh, non pas lui".

Prenez l'exemple de Sarah, une jeune femme qui vient de démarrer son activité de vente de cosmétiques en ligne. Elle est convaincue que ses produits sont de qualité supérieure et qu'ils répondent aux besoins de sa clientèle cible. Elle se lance donc dans la vente avec enthousiasme et détermination.

Malheureusement, Sarah ne parvient pas à convaincre ses prospects de l'utilité de ses produits. Elle ne sait pas argumenter efficacement et ne parvient pas à montrer les bénéfices réels de ses cosmétiques. Sérieusement Sarah ?

Comment peut tu dire à tes prospects des phrases aussi ignobles *"Notre produit est tellement bon que vous ne pourrez plus vous en passer une fois que vous l'aurez acheté."* ou *"C'est un produit très original, vous ne le trouverez nulle part ailleurs."* ou *"Notre prix est très compétitif, vous ne trouverez pas moins cher ailleurs."* ou encore PIRE *"Vous devez absolument acheter ce produit, sinon vous allez le regretter"* ahah cette dernière me fait tellement rire, c'est une menace digne des plus grands, cela me fait penser à halloween et cette horrible phrase "des bonbons ou un sort".

Ces phrases ne sont pas convaincantes car elles ne se basent pas sur des faits précis et concis.

Elles ne montrent pas comment le produit ou le service peut répondre aux besoins spécifiques du client. De plus, les phrases comme *"notre produit est le meilleur sur le marché"* ou *"Ce produit n'a aucun défaut, il est parfait"* sont des déclarations subjectives qui ne peuvent pas être prouvées.

Un vendeur efficace doit plutôt utiliser des exemples concrets et des preuves tangibles pour montrer les avantages de son produit ou service, tout en écoutant les besoins et les objections du client pour les prendre en compte dans son argumentation.

Lisez ATTENTIVEMENT les questions que Sarah aurait pu poser

- *"Parlez-moi de vos besoins spécifiques en matière de soins de la peau et des zones que vous souhaitez cibler."*

- *"Quels produits utilisez-vous actuellement pour prendre soin de votre peau et quels résultats souhaitez-vous obtenir?"*

- *"Identifiez vos principales préoccupations en matière de soins de la peau et indiquez comment je peux vous aider à les résoudre."*

- *"Avez-vous déjà utilisé nos produits ? Si oui, quels ont été les résultats ?"*

- *"Veuillez me signaler toute allergie ou intolérance à des ingrédients spécifiques afin que je puisse vous recommander des produits adaptés."*

Essayez d'être le plus à l'aise possible avec ce type de questions car elle vous place dans la position de quelqu'un qui conseille une personne dans le besoin, ou même comme un ami.

Ces questions sont comme des penaltys une fois siffler, vous vous devez de les concrétiser enfin j'espère que beaucoup d'entre vous avez déjà compris ce principe essentiel.

Aussi, ce n'est pas forcément la meilleure des stratégies de se déplacer à l'improviste chez des personnes susceptibles d'acheter nos produits au service sans être sûre du retour sur l'effort que cela nous procurait .

Sarah devrait être prête à être flexible et à s'adapter aux disponibilités de ses prospects. Elle devrait être disposée à rencontrer ses prospects à n'importe quel moment (surtout avec tout le temps qu'elle à libérer en supprimant les distractions), même si cela signifie les rencontrer en dehors de ses heures de travail.

En étant disponible et en montrant qu'elle est déterminée à aider ses prospects à obtenir les résultats qu'ils souhaitent, Sarah pourrait obtenir un rendez-vous à coup sûr.

Elle pourrait utiliser des outils de recherche pour trouver des prospects qui sont susceptibles d'être intéressés par ses produits de cosmétique. Ensuite, elle pourrait utiliser des techniques de Cold Calling (consiste à appeler des prospects ou des clients potentiels sans qu'ils ne soient préalablement contactés ou qu'il y ait eu une demande de leur part.) pour entrer en contact avec ces prospects et les inciter à prendre rendez-vous.

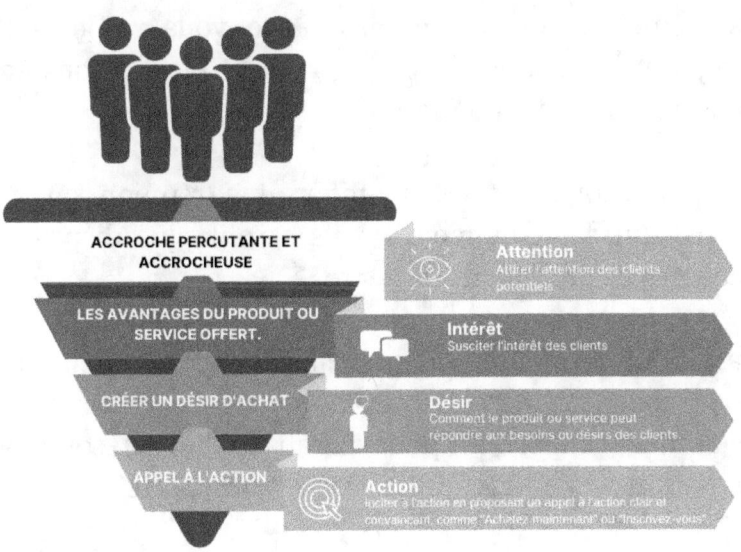

Elle pourrait également utiliser des techniques de Marketing comme (AIDA - ATTENTION INTÉRÊT DÉSIR ACTION) par courrier électronique pour envoyer des offres spéciales et des informations sur ses produits à ces prospects ou même à de simples inconnus, qui ont laissé leur mail trop accessible à tous si elle n'a pas vraiment ou encore de fichier prospect. Sarah, il est important de ne pas harceler ou oppresser le client pour obtenir sa vente.

Utilisez des phrases comme *"Je comprends que vous êtes occupé, puis-je vous rappeler à un moment plus opportun pour discuter de nos produits?"* ou *"Je sais que vous êtes actuellement en train de travailler, est-ce qu'il y a un moment plus approprié pour discuter de notre offre?"*.

De cette façon, vous montrez que vous respectez le temps et l'attention de votre prospect et que vous êtes conscient de leur situation.

De plus, vous pourrez planifier une réunion ou une discussion à un moment où ils seront plus disposés à écouter vos arguments de vente.

Sarah doit être authentique et sincère dans sa démarche pour ne pas faire fuir son potentiel client. Il est également important pour Sarah de savoir comment communiquer efficacement avec ses prospects.

Elle devrait être capable de les écouter attentivement, de comprendre leurs besoins et de les persuader de prendre rendez-vous.

Elle pourrait aussi faire venir le rendez-vous à elle en actionnant le pouvoir de présentation comme celles la :

"Bonjour, je suis Sarah et je suis spécialisée dans la vente de produits cosmétiques de haute qualité. Je suis certaine que vous aimeriez découvrir comment nos produits peuvent améliorer votre apparence et vous donner une belle peau. Est-ce que vous avez quelques minutes pour échanger sur vos besoins et voir comment notre marque peut vous aider à atteindre vos objectifs de beauté ?"

"Salut, je suis Sarah et je représente une marque de cosmétique innovante. Avez-vous déjà rencontré des difficultés pour trouver un produit qui convient à votre type de peau ? Je suis convaincue que je peux vous aider à trouver des solutions adaptées à vos besoins et je vous invite à échanger sur vos préoccupations pour voir comment notre marque peut vous offrir des résultats concrets. "

Sarah pourrait utiliser des techniques de storytelling pour captiver l'attention de son prospect, en racontant des histoires inspirantes de personnes connues qui ont réussi à surmonter des obstacles similaires.

Elle pourrait par exemple raconter comment *Steve Jobs a réussi à convaincre les investisseurs de croire en l'iPod alors que les baladeurs MP3 étaient déjà un marché saturé*, ou comment *Oprah Winfrey a réussi à se construire une carrière florissante malgré les obstacles liés à son sexe et à sa race.*

Avec des exemples concrets et inspirants, Sarah pourrait montrer à son prospect qu'il est possible de réussir malgré les difficultés, et qu'elle est la personne idéale pour l'aider à atteindre ses objectifs.

CHAPITRE II - PASSER À L'ACTION

L'IMPORTANCE DE LA CONCRÉTISATION DANS LES AFFAIRES

Nous allons aborder le sujet de l'aspect concret dans la vente. Il est facile de se perdre dans des théories et des idées générales, mais pour réussir dans les affaires, il est crucial de mettre en place des actions concrètes.

Premièrement, examinons la nécessité de définir des objectifs concrets.

Pour réussir dans les affaires, il est décisif de se fixer des objectifs clairs et atteignables et ça PAR JOUR. Sarah, notre vendeuse fictive, n'avait pas fixé d'objectifs précis pour sa vente de produits cosmétiques.

Elle se contentait de vendre sans savoir combien elle souhaitait vendre, ni comment elle allait y arriver. En se fixant des objectifs concrets, elle aurait pu se donner des objectifs à atteindre, et des moyens pour y parvenir.

Pour mettre en place des objectifs concrets, je vous recommande de vous concentrer sur des tâches tangibles et réutilisables, comme la création de nouveaux e-mails de vente, la prospection de nouveaux prospects, l'identification de clients potentiels les plus susceptibles d'acheter vos produits ou services, la création d'une communauté autour de votre marque, la mise en place de programmes de parrainage pour encourager vos clients à parler de votre marque à leur entourage et la mise en place d'un système de fidélisation pour inciter les clients à acheter de nouveau.

C'est votre travail. L'important c'est la régularité.

Imaginez que vous décidiez de démarrer un entraînement physique régulier pour améliorer votre santé.

Au début, cela peut sembler difficile et fastidieux, mais en persévérant et en maintenant un rythme régulier, vous commencez à remarquer des améliorations significatives dans votre forme physique.

Ces améliorations vous motivent à continuer et à intensifier votre entraînement, ce qui entraîne encore plus de progrès.

C'est ce qu'on appelle l'effet boule de neige.

Supposons maintenant que vous décidiez de mettre en place une stratégie de marketing régulière pour votre entreprise.

Au début, vous pourriez ne pas voir de résultats immédiats, mais en maintenant une présence constante sur les réseaux sociaux, en envoyant régulièrement des newsletters à vos clients, et en organisant des événements réguliers, vous commencerez à voir une augmentation de votre notoriété et de vos ventes.

C'est l'effet boule de neige en action.

John est un vendeur qui a décidé de se concentrer sur la prospection téléphonique tous les jours pendant une heure. Au début, il ne réussissait pas à obtenir beaucoup de rendez-vous, mais en s'accrochant et en maintenant une régularité dans sa prospection, il réussit à augmenter considérablement son taux de conversion. Il a réussi à créer un effet boule de neige en développant ses compétences de vente et en créant une routine efficace.

Passer à l'action : l'importance de la concrétisation dans les affaires si vous l'avez bien compris, c'est ?

a) Envoyez des mails

b) se fixer des objectifs réguliers par jour

c) la mise en place d'un effet boule de neige.

Pas d'hésitation. Réponses : B et C.

Ce qui améliore concrètement votre rentabilité c'est d'augmenter le panier moyen en proposant des produits complémentaires aux clients lors de la vente.

Afin d'augmenter son panier moyen, Sarah peut utiliser différentes techniques, comme la vente croisée ou la vente incitative.

La vente croisée consiste à proposer des produits complémentaires au client lors de la vente initiale, tandis que la vente incitative consiste à offrir une réduction ou un avantage supplémentaire pour l'achat d'un produit complémentaire.

Sarah pourrait proposer une offre spéciale pour l'achat d'un rouge à lèvres et d'un vernis à ongles assorti.

Ou, elle pourrait offrir un soin de la peau gratuit pour l'achat d'un produit de maquillage d'une certaine valeur.

Selon une étude réalisée par le National Retail Federation, les ventes croisées représentent en moyenne 20 à 30 % des ventes totales d'un magasin. De plus, il a été démontré que les clients qui achètent des produits complémentaires sont plus susceptibles de devenir des clients fidèles et de dépenser davantage chez le vendeur.

Sarah pourrait utiliser des outils d'analyse de données pour identifier les tendances et les opportunités de vente croisée et incitative, ainsi que pour suivre l'efficacité de ces techniques.

En utilisant des données concrètes pour orienter ses décisions, Sarah sera en mesure d'optimiser ses ventes et de maximiser son panier moyen.

Enfin, elle pourrait utiliser des sondages de satisfaction client pour recueillir des commentaires sur les produits complémentaires et identifier les opportunités d'amélioration.

Elle peut développer de nouveaux produits en écoutant les retours de ses clients actuels et en identifiant les besoins non satisfaits.

Elle peut également identifier les produits les plus populaires et les plus rentables pour développer des versions améliorées ou des produits complémentaires.

Elle peut tenter d'entrer en collaboration avec d'autres entreprises similaires pour proposer des offres combinées et ainsi attirer de nouveaux clients.

QU'EST-CE QU'UNE OFFRE COMBINÉE ?

Une offre combinée regroupe plusieurs services ou produits dans un «paquet».

Les offres combinées sont très répandues en Suisse, notamment dans les secteurs des télécommunications, des assurances et des banques. Par rapport aux produits individuels – si ceux-ci peuvent être conclus séparément –, les paquets contiennent souvent des rabais de combinaison supplémentaires.

Opter pour différents produits individuels auprès de plusieurs fournisseurs s'avère souvent la solution moins chère. En revanche, cette stratégie d'optimisation est un peu pénible et prend plus de temps.

QU'EST-CE QUE L'EFFET BOULE DE NEIGE ?

L'effet boule de neige est un cercle vertueux ou un cercle vicieux qui accumule aux événements considérés déjà présents de nouveaux faits en quantité de plus en plus grande, à la manière d'une série géométrique ou même d'une fonction exponentielle.

CHAPITRE III - ANALYSE DES FORCES ET DES FAIBLESSES DE LA CONCURRENCE :

COMMENT TIRER PROFIT DES ERREURS DES AUTRES

Il est capital de comprendre que les concurrents sont les personnes qui cherchent à vendre les mêmes produits ou services que vous.

Ils sont la concurrence directe de votre entreprise et il est bon de les connaître pour pouvoir les surpasser.

Mais comment pouvez-vous surpasser vos concurrents si vous ne savez pas ce qu'ils font ?

C'est là que l'analyse des concurrents entre en jeu.

En effectuant une analyse de vos concurrents, vous pouvez découvrir leurs forces et leurs faiblesses, ce qui vous permettra de déterminer comment vous pouvez les surpasser.

Noter que *l'analyse des concurrents* ne se limite pas à la recherche de leurs produits et services.

Il est également d'ampleur de comprendre leur stratégie de marketing, *leur public cible et leur positionnement sur le marché.* En comprenant ces aspects, vous pouvez déterminer comment vous pouvez vous différencier et attirer les clients qui pourraient autrement les choisir.

En identifiant les entreprises et les individus qui sont les concurrents directs et indirects de votre entreprise, vous comprendrez le marché sur lequel vous évoluez, et vous adapterez pour réussir à vendre vos produits.

- Selon une étude menée par *l'Université de Stanford*, les entreprises qui ont une bonne connaissance de leurs concurrents ont **un taux de croissance de revenus deux fois supérieur** à celui des entreprises qui n'ont pas une bonne connaissance de leurs concurrents.

- De plus, une étude menée par la *Harvard Business Review* a révélé que les entreprises qui sont en mesure d'identifier les tendances de leur marché ont des **taux de croissance de revenus cinq fois supérieurs** à ceux des entreprises qui ne sont pas en mesure de le faire.

Prenons l'exemple d'une entreprise de vente de chaussures en ligne. Si nous utilisons la méthode S.W.O.T, voici les éléments que nous pourrions identifier :

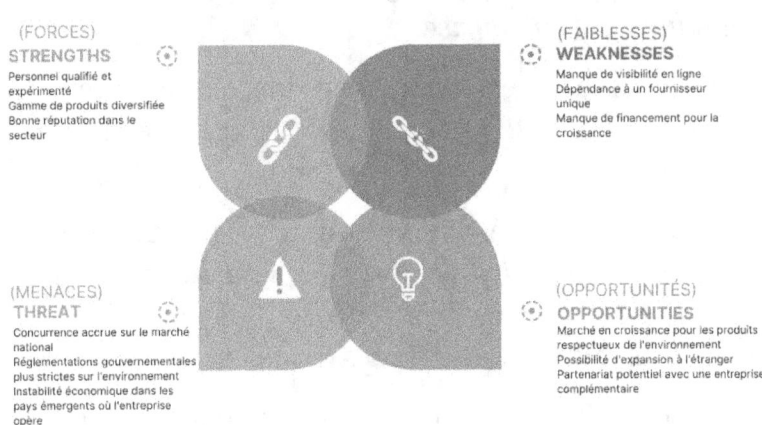

SWOT - Méthode d'analyse

Comment faire une analyse SWOT

L'analyse SWOT, matrice SWOT ou synthèse SWOT est un outil de stratégie d'entreprise permettant de déterminer les options offertes dans un domaine d'activité stratégique. Commencer par l'analyse des faits externes et les répertorier en menaces ou opportunités en vue d'atteindre l'objectif général. Puis analyser les faits internes en forces ou en faiblesses, toujours par rapport à l'objectif général. Cet outil peut aider votre équipe à concevoir un plan stratégique et à garder une longueur d'avance sur les tendances du marché.

(FORCES)
STRENGTHS

Personnel qualifié et expérimenté
Gamme de produits diversifiée
Bonne réputation dans le secteur

(FAIBLESSES)
WEAKNESSES

Manque de visibilité en ligne
Dépendance à un fournisseur unique
Manque de financement pour la croissance

(MENACES)
THREAT

Concurrence accrue sur le marché national
Réglementations gouvernementales plus strictes sur l'environnement
Instabilité économique dans les pays émergents où l'entreprise opère

(OPPORTUNITÉS)
OPPORTUNITIES

Marché en croissance pour les produits respectueux de l'environnement
Possibilité d'expansion à l'étranger
Partenariat potentiel avec une entreprise complémentaire

Forces : *Une grande sélection de chaussures pour tous les styles et tous les budgets, des campagnes de marketing efficaces pour attirer de nouveaux clients, des avis positifs des clients.*

Faiblesses : *Un manque de présence physique dans les centres commerciaux, une concurrence importante avec d'autres sites de vente en ligne, des prix élevés pour certains produits.*

Opportunités : Le marché en ligne de la vente de chaussures est en croissance, l'augmentation de la préoccupation pour le développement durable et les chaussures éco-responsables, la possibilité de cibler des niches de marché.

Menaces : La concurrence avec les marques de chaussures traditionnelles, une récession économique qui pourrait entraîner une baisse des ventes, une mauvaise réputation en ligne qui pourrait nuire à la croissance de l'entreprise.

Voici comment exploiter ses forces, corriger ses faiblesses, saisir les opportunités et se préparer aux menaces.

En analysant ces éléments, l'entreprise pourrait décider de se concentrer sur sa force de grande sélection de chaussures en développant encore plus son offre pour répondre à toutes les demandes des clients.

Elle pourrait également se concentrer sur les opportunités de marché en proposant des chaussures éco-responsables et en ciblant des niches de marché.

Pour contrer ses faiblesses, elle pourrait décider de mettre en place des pop-up stores pour augmenter sa présence physique et de revoir ses prix pour être plus compétitif.

Enfin, pour faire face aux menaces, elle pourrait mettre en place une stratégie de communication pour améliorer sa réputation en ligne et être prête à s'adapter rapidement en cas de récession économique.

Nous allons examiner les diverses approches concurrentielles adoptées par les entreprises et les individus qui rivalisent directement ou indirectement avec votre entreprise. Notre attention se portera sur deux éléments essentiels de ces stratégies : les techniques de conversion des prospects en clients (tunnels de vente) et l'art de rédiger des textes persuasifs (copywriting).

Commençons par les tunnels de vente. Il s'agit de la série d'étapes que les entreprises utilisent pour convertir les prospects en clients.

Ces étapes peuvent inclure des choses comme les publicités, les pages de destination, les formulaires de contact, les pages de remerciement, les e-mails de suivi, les ventes de pages, etc.

Il est fondamental de comprendre comment vos concurrents structurent leurs tunnels de vente car cela vous donnera une idée de ce qui fonctionne et de ce qui ne fonctionne pas pour eux.

Vous pourriez même découvrir quelques idées que vous pourriez utiliser pour améliorer votre propre tunnel de vente.

Ensuite, il y a le copywriting. Il s'agit de l'art de rédiger du texte pour vendre des produits et des services.

Les bons copywriters utilisent des techniques de persuasion pour inciter les gens à acheter.

Comment vos concurrents utilisent le copywriting pour

promouvoir leurs produits et services car cela vous donnera une idée de ce qui fonctionne et de ce qui ne fonctionne pas pour eux.

Concernant le copywriting et les tunnels de vente, chacun fait l'objet d'un chapitre dédié dans ce livre.

Maintenant, il est temps de mettre en pratique toutes ces informations.

Prenez une feuille de papier et dressez la liste de tous vos concurrents directs et indirects.

Pour chaque concurrent, notez les étapes de leur tunnel de vente et analysez leur copywriting.

Ensuite, utilisez ces informations pour améliorer votre propre Smart Business.

Exemple concrets d'analyse des stratégies concurrentielles :

Lorsque vous achetez un produit sur Amazon, vous remarquerez qu'il existe souvent des options de vente croisée ou de vente incitative.

Ces options sont conçues pour augmenter le panier moyen et inciter les clients à acheter davantage de produits. En analysant les tunnels de vente de vos concurrents, vous pouvez identifier les options qu'ils utilisent et les incorporer dans votre propre stratégie pour augmenter vos ventes.

Si vous dirigez une boutique de vêtements en ligne de sport. En analysant les tunnels de vente de vos concurrents, vous remarquez qu'ils proposent souvent des packs d'équipement complets pour différents sports, tels que des packs de raquettes de tennis et de balles, ou des packs de matériel de fitness.

En incorporant cette option de vente croisée dans votre propre stratégie, vous pouvez inciter les clients à acheter un ensemble complet d'équipement plutôt que simplement un article à la fois, augmentant ainsi le panier moyen et les ventes.

Aussi, en étudiant les stratégies de conversion de vos concurrents, vous pourriez remarquer qu'ils utilisent des pop-ups pour inciter les clients à s'inscrire à leur newsletter ou qu'ils proposent des codes promo exclusifs pour les nouveaux clients.

CHAPITRE IV - COMMENT MAÎTRISER L'ART DE LA COMMUNICATION POUR AMÉLIORER VOS VENTES :
LES SECRETS DE LA CNV ET DU MODÈLE À QUATRE CÔTÉS

À l'ancienne, il existait un vendeur, moi-même, qui pensait tout savoir sur la vente. J'étais persuadé que ma façon de communiquer avec mes clients était efficace, que mes discours étaient parfaitement structurés et que je savais exactement quoi dire pour les convaincre d'acheter les produits que je vendais.

Cependant, je ne pouvais pas être plus loin de la vérité. Sans le savoir, j'étais en train de perdre des clients potentiels à chaque réunion.

J'étais tellement concentré sur mes objectifs de vente que je ne prenais pas en compte les besoins et les sentiments de mes clients.

Pire encore, j'étais souvent confronté à des situations tendues et conflictuelles avec certains de mes clients, car je ne savais pas comment gérer leurs réactions négatives ou leurs objections.

C'est depuis que j'ai découvert la *Communication Non-Violente* de Marshall Rosenberg et *le modèle à 4 côtés* de Friedemann Schulz von Thun. Ces deux techniques ont révolutionné ma façon de communiquer.

J'ai appris à écouter activement et à être attentif aux besoins de mes clients, à être conscient de mes propres sentiments et à formuler des phrases qui prennent en compte les besoins de chacun.

J'ai également appris à comprendre les différents aspects des situations de vente, en utilisant le modèle à 4 côtés pour éviter les malentendus et les conflits.

Depuis lors, mes relations avec mes clients ont connu une nette amélioration.

Je me sens plus connecté avec eux, plus empathique et plus à même de répondre à leurs besoins spécifiques.

Grâce à la Communication Non-Violente et au modèle à 4 côtés, j'ai appris à être un meilleur vendeur, plus efficace et plus humain.

Je suis reconnaissant d'avoir découvert ces techniques et je suis convaincu que tout vendeur peut en bénéficier pour améliorer ses relations avec ses clients et augmenter ses ventes.

La communication est essentielle dans tous les domaines de la vie, mais elle est particulièrement cruciale dans le monde de la vente.

Les vendeurs doivent non seulement communiquer efficacement avec les clients, mais aussi comprendre les besoins et les désirs de ces derniers pour les aider à trouver les produits et services les plus adaptés.

Dans ce chapitre, nous allons explorer deux outils puissants qui peuvent aider les vendeurs à améliorer leur communication et à mieux comprendre les clients : la communication non violente de Marshall Rosenberg et le modèle à quatre côtés de Friedman.

Ensemble, ces outils offrent une approche globale de la communication qui permet de créer des relations solides et durables avec les clients.

La communication non violente (CNV) est une méthode de communication développée par Marshall Rosenberg qui vise à favoriser des relations harmonieuses et respectueuses entre les individus.

Elle se base sur l'empathie et la bienveillance pour créer des interactions positives, qu'elles soient personnelles ou professionnelles.

Le principe de la CNV est de reconnaître les émotions et les besoins de l'autre personne, et de les considérer avec respect et compréhension.

Cela implique d'écouter activement, sans jugement ni critique, et de s'exprimer avec clarté et authenticité.

La CNV utilise également le langage des sentiments et des besoins pour éviter les jugements et les critiques qui peuvent blesser ou mettre mal à l'aise.

En pratique, la CNV se compose de quatre étapes : l'observation, la compréhension des sentiments, la compréhension des besoins et l'expression de soi.

En observant la situation sans jugement, en comprenant les sentiments de l'autre personne, en identifiant les besoins qui se cachent derrière ces sentiments, et en exprimant ses propres sentiments et besoins de manière claire et respectueuse, on peut établir une communication plus harmonieuse et plus constructive.

Maintenant que nous avons compris les principes de la communication non violente (CNV), voyons comment nous pouvons l'appliquer dans le contexte de la vente.

Tout d'abord, il est important de noter que la CNV est avant tout une méthode de communication basée sur l'empathie et la compréhension mutuelle.

Elle peut donc être très utile pour les vendeurs qui cherchent à mieux comprendre les besoins et les désirs de leurs clients, et à établir une relation de confiance avec eux.

Pour appliquer la CNV en vente, commencer par écouter activement le client, sans jugement ni critique.

En comprenant les sentiments et les besoins du client, vous pouvez mieux cibler ses attentes et ses motivations, et adapter votre approche en conséquence.

Ensuite, en utilisant le langage des sentiments et des besoins, vous pouvez exprimer clairement votre propre position et vos suggestions de manière respectueuse et constructive.

En évitant les jugements et les critiques, vous pouvez établir une communication plus harmonieuse et plus productive, qui peut conduire à une vente réussie.

Par exemple, si un client semble réticent à acheter un produit, vous utiliserai la CNV pour comprendre ses préoccupations et trouver une solution adaptée à ses besoins.

Vous poserai des questions pour mieux comprendre ses sentiments et ses besoins, et proposer des alternatives qui répondent à ses attentes.

En appliquant les principes de la CNV en vente, vous pouvez établir des relations solides avec vos clients, basées sur la confiance, l'empathie et le respect mutuel.

Cela peut vous aider à augmenter vos ventes et à fidéliser votre clientèle à long terme.

David Servan-Schreiber décrit le processus de la CNV en termes relativement simples. Selon lui, le premier principe de la CNV est de remplacer tout jugement par une observation objective, afin d'éviter les réactions habituelles de son interlocuteur face à une critique. Le second principe est d'éviter tout jugement sur son interlocuteur pour ne parler que de ce que l'on ressent, l'autre ne pouvant contester cela.

ÉTAPE	OBJECTIF	EXEMPLE DE PHRASE
Observation	Identifier la situation sans jugement	"Je constate que votre entreprise utilise actuellement des processus manuels pour plusieurs tâches administratives."
Sentiments	Comprendre les sentiments et les préoccupations du client	"Je peux imaginer que cela peut causer des retards et de la frustration pour votre équipe."
Besoins	Identifier les besoins du client	"Quels sont les défis les plus importants auxquels vous êtes confronté en matière d'efficacité des processus ?"
Expression	Proposer des solutions adaptées aux besoins du client	"J'aide à mettre en place des outils numériques pour rationaliser vos processus et améliorer la productivité de votre entreprise."

En plus de la Communication Non-Violente de Marshall Rosenberg, un autre modèle de communication efficace qui peut être appliqué à la vente est le modèle à 4 côtés de Friedemann Schulz von Thun.

Ce modèle repose sur l'idée que chaque message transmis contient quatre aspects différents : le fait, le jugement, le sentiment et l'appel à l'action.

Le modèle à 4 côtés est un outil utile pour comprendre comment les messages sont perçus et interprétés par différentes personnes et comment il est possible d'adapter sa communication en fonction de ces différents aspects.

Simplement pour illustrer le modèle à 4 côtés. Supposons que vous ayez un ami qui arrive en retard à un rendez-vous que vous avez fixé ensemble.

Vous pourriez exprimer votre frustration en disant :

- *"Tu es toujours en retard, tu ne respectes jamais mon temps".*

Ce message contient les quatre aspects du modèle à 4 côtés :

- *Le fait : "Tu es toujours en retard"*

- *Le jugement : "Tu ne respectes jamais mon temps"*

- *Le sentiment : la frustration ressentie par la personne qui attend*

- *L'appel à l'action : le souhait que l'ami soit plus ponctuel à l'avenir*

Décomposez ce message et voyez comment chaque aspect peut être interprété différemment.

Certainement, l'ami pourrait interpréter le jugement comme une attaque personnelle et ne pas être réceptif à l'appel à l'action.

Imaginez que vous êtes un courtier en assurances et que vous avez rendez-vous avec un client potentiel pour discuter de sa couverture d'assurance professionnelle. Lors de la première réunion, vous utilisez le modèle à 4 côtés de manière inadéquate et vous lui dites : "Vous n'avez pas souscrit à une couverture d'assurance suffisante. Si quelque chose devait mal tourner, vous pourriez perdre tout ce que vous avez travaillé dur pour obtenir. Vous devriez prendre en compte mes recommandations pour votre propre intérêt".

Dans cet exemple, la communication est axée sur des jugements et des critiques, avec peu de considération pour les sentiments du client potentiel.

Cela peut causer de la frustration et de l'irritation chez le client, qui peut être moins enclin à poursuivre une relation d'affaires avec vous.

Dans un deuxième exemple, vous appliquez la CNV et le modèle à 4 côtés de manière plus appropriée.

- *Vous pourriez dire quelque chose comme : "Je comprends que vous avez beaucoup investi dans votre entreprise et que vous voulez la protéger. Nous avons constaté que certaines de vos couvertures actuelles peuvent ne pas vous fournir une protection adéquate dans toutes les situations. Je vous recommande de considérer l'ajout de certaines couvertures supplémentaires pour éviter les risques inutiles. Qu'en pensez-vous?"*

Dans cet exemple, vous avez pris en compte les sentiments et les besoins du client potentiel, en utilisant un langage qui montre que vous comprenez leur situation et que vous voulez les aider à protéger leur entreprise.

Vous avez également présenté les faits concernant les risques potentiels et vous avez clairement formulé votre appel à l'action, tout en laissant au client la possibilité de prendre sa propre décision.

En utilisant la CNV et le modèle à 4 côtés de manière appropriée, vous pouvez établir des relations d'affaires solides et durables avec vos clients. En effet, vous pouvez montrer que vous êtes à l'écoute de leurs besoins et que vous voulez simplement les aider à atteindre leurs objectifs.

Ainsi éviter les malentendus et les conflits, et augmenter vos ventes de manière significative.

Néanmoins, il convient de se rappeler la philosophie de Nicolas Popovitch, qui souligne l'importance de considérer les multiples avantages plutôt que de se focaliser uniquement sur des avantages simples et uniques.

En d'autres termes, il ne s'agit pas seulement de vendre un produit, mais de vendre les multiples bénéfices que ce produit apportera à vos clients.

Mais qui est Nicolas Popovitch ? C'est un expert en marketing et en communication, connu pour ses travaux sur la psychologie de la vente.

Il est notamment l'auteur du livre "Le marketing des services", dans lequel il expose sa vision de la vente axée sur les avantages multiples plutôt que sur les avantages simples et uniques.

L'idée est que les clients ne cherchent pas seulement à acheter un produit, mais à acheter une solution à un problème ou un besoin particulier.

En présentant les multiples avantages que votre produit peut apporter à vos clients, vous augmentez considérablement vos chances de convaincre ces derniers de faire un investissement.

Par exemple, si vous vendez un aspirateur, vous ne devriez pas simplement mettre en avant le fait qu'il aspire la poussière.

Vous devriez plutôt souligner qu'il est facile à utiliser, qu'il est silencieux, qu'il a une faible consommation d'énergie, qu'il peut nettoyer plusieurs types de surfaces, qu'il est respectueux de l'environnement, etc.

En mettant en avant ces multiples avantages, vous montrez à vos clients que votre produit est non seulement une solution à leur problème immédiat (la poussière), mais qu'il peut également répondre à d'autres besoins ou préoccupations qu'ils pourraient avoir.

Cela renforce la valeur perçue de votre produit et augmente considérablement vos chances de conclure une vente.

En appliquant la Communication Non-Violente et le modèle à 4 côtés de manière créative et stratégique, vous mettrez en avant les multiples avantages de vos produits et convaincrez vos clients que l'investissement en vaut largement la peine.

N'oubliez pas que la vente est avant tout une question de communication, et que les techniques les plus efficaces sont celles qui permettent une communication fluide, empathique et claire.

Utilisez ces outils à votre avantage et vous verrez votre entreprise prospérer comme jamais auparavant.

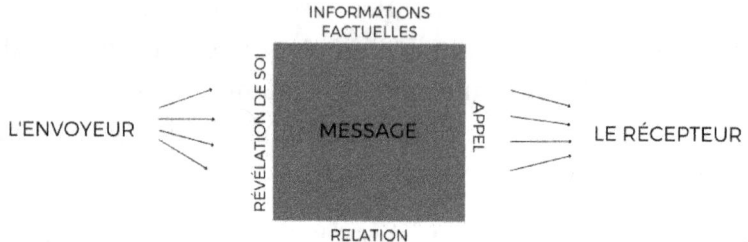

"Modèle à quatre côtés"

Le premier côté représente le message envoyé, qui peut être intentionnel ou non intentionnel.

Le deuxième côté représente la façon dont le message est codé, c'est-à-dire le langage, les symboles ou les signaux utilisés pour communiquer le message.

Le troisième côté représente le canal par lequel le message est envoyé, par exemple, la voix, l'écriture, Internet ou la télévision.

Le quatrième côté représente le destinataire du message, qui peut interpréter le message de différentes manières en fonction de son propre contexte, de son histoire personnelle, de sa culture et de ses expériences.

CHAPITRE V - L'ART DE LA SUGGESTION :

COMMENT INFLUENCER LES AUTRES

Imaginez que vous êtes dans une salle pleine de gens, écoutant attentivement un orateur captivant.

Vous êtes complètement immergé dans son discours, accroché à chacun de ses mots.

Soudain, il utilise une phrase particulière, une suggestion subtile qui s'insinue dans votre esprit sans que vous ne le remarquez vraiment.

Sans même vous en rendre compte, vous commencez à changer votre façon de penser et d'agir.

C'est l'art de la suggestion subtile, une technique bien connue des experts en PNL (Programmation Neuro-Linguistique), des thérapeutes et des coachs.

Cela implique de choisir les bons mots, la bonne intonation et le bon contexte pour influencer les pensées et les comportements des autres de manière subtile mais puissante.

La suggestion subtile peut prendre de nombreuses formes, que ce soit en utilisant des mots positifs ou négatifs, en se référant à des expériences passées ou en projetant des scénarios futurs.

Tout dépend du contexte et de l'objectif que l'on cherche à atteindre.

Dans ce chapitre, nous allons explorer en détail les différentes formes de suggestion subtile, ainsi que les techniques de projection et de PNL qui peuvent être utilisées pour influencer les autres de manière subtile mais puissante.

Nous allons également examiner l'importance de la subtilité et de l'éthique dans l'utilisation de ces techniques, afin d'assurer des relations saines et équitables avec les autres.

Il existe deux types de suggestions : directes et indirectes.

Les suggestions directes sont comme un coup de marteau sur un clou.

Elles sont claires, précises et directes. Elles laissent peu de place à l'interprétation et sont souvent utilisées pour des actions simples et immédiates.

Par exemple, "Achetez maintenant" ou "Inscrivez-vous ici".

Les suggestions indirectes, en revanche, sont comme un doux murmure à l'oreille. Elles sont plus subtiles et implicites, comme si elles étaient cachées dans le langage.

Les suggestions indirectes sont souvent utilisées pour influencer les pensées et les émotions de quelqu'un, plutôt que ses actions.

Par exemple, "Je me demande si vous seriez intéressé par cette offre" ou "Il est intéressant de noter que de plus en plus de personnes choisissent cette option".

Les suggestions indirectes sont souvent utilisées en PNL, où l'on cherche à amener la personne à changer de comportement ou à adopter une nouvelle attitude sans la brusquer.

Les suggestions indirectes peuvent prendre la forme de métaphores, d'histoires ou de questions ouvertes qui amènent la personne à réfléchir différemment.

Les suggestions indirectes ne sont pas toujours subtiles et peuvent être directes dans leur intention.

Cependant, leur formulation est plus subtile et conviviale, de sorte qu'elles sont mieux acceptées et peuvent être plus persuasives.

La PNL (Programmation Neuro-Linguistique) est une approche de communication et de développement personnel qui s'intéresse aux interactions entre notre cerveau, notre langage et notre comportement.

Elle s'appuie sur la neuroscience et la psychologie pour comprendre comment notre cerveau traite l'information et comment nous pouvons utiliser cette connaissance pour influencer les autres de manière subtile et efficace.

La PNL considère que notre cerveau est divisé en trois zones principales : le cerveau reptilien, le cerveau limbique et le néocortex.

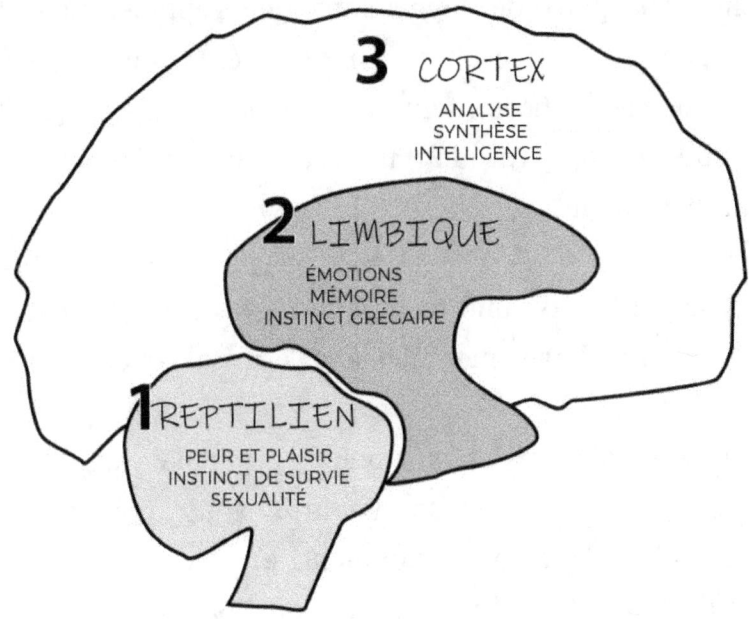

Le cerveau reptilien est responsable de nos fonctions vitales, comme la respiration et la digestion. Le cerveau limbique est responsable de nos émotions et de notre mémoire, tandis que le néocortex est responsable de notre raisonnement et de notre langage.

Il est possible d'influencer chacune de ces zones du cerveau de manière subtile mais puissante.

Par exemple, en utilisant des suggestions qui font appel aux émotions (cerveau limbique), il est possible de créer une réaction émotionnelle qui incitera la personne à agir de la manière souhaitée.

En tirant parti de suggestions qui s'appuient sur la logique du néocortex, il devient envisageable d'influencer efficacement une personne afin qu'elle adopte une attitude nouvelle ou modifie son comportement.

La projection est une technique de PNL qui consiste à projeter une image mentale dans l'esprit de quelqu'un.

Par exemple, si vous voulez persuader quelqu'un d'acheter une nouvelle voiture, vous pourrez lui demander d'imaginer comment elle se sentirait en conduisant cette voiture sur une route panoramique.

En faisant cela, vous activez leur cerveau limbique et créez une image mentale positive qui les encourage à prendre la décision d'achat.

Le cerveau limbique est responsable de nos émotions et de nos souvenirs, et il est plus récent que le cerveau reptilien.

Enfin, le cortex préfrontal est la partie la plus récente du cerveau, et elle est responsable de nos fonctions supérieures, comme la pensée logique et la prise de décision.

Lorsqu'on souhaite influencer quelqu'un, notamment pour effectuer un achat, il est important de comprendre que les décisions d'achat sont souvent prises sur le coup de l'émotion.

Le cerveau limbique est donc la partie du cerveau qu'il faut viser pour créer une connexion émotionnelle avec la personne, et ainsi la convaincre d'acheter.

Cependant, il est important d'éviter les arguments qui vont activer la partie du cerveau la plus récente, le cortex préfrontal, car cela va amener la personne à réfléchir plutôt qu'à agir sur le coup de l'émotion.

Il est donc préférable d'utiliser des arguments captivants et illustrant, qui vont parler directement à la partie émotionnelle du cerveau, pour persuader la personne d'acheter.

Créer des suggestions subtilement efficaces est un art qui nécessite la maîtrise des mots, de l'intonation et du contexte. Les suggestions indirectes sont plus subtiles que les suggestions directes et sont souvent utilisćcs pour influencer les pensées et les émotions de quelqu'un plutôt que ses actions. Il existe de nombreuses techniques de projection et de PNL pour influencer les autres de manière subtile mais puissante, en tenant compte de *l'importance de la subtilité et de l'éthique* dans l'utilisation de ces techniques.

Voici quelques astuces pour créer des suggestions subtilement efficaces :

- *POSEZ DES QUESTIONS OUVERTES :*

Les questions ouvertes sont un excellent moyen de diriger la pensée de quelqu'un dans une certaine direction. Les questions commençant par "Comment" sont particulièrement efficaces, car elles encouragent la personne à réfléchir à une solution plutôt qu'à une réponse simple.

Imaginez que vous soyez en train de vendre un produit de bien-être dans une boutique. Au lieu de simplement demander "Puis-je vous aider?", essayez de poser une question ouverte comme "Comment vous sentez-vous aujourd'hui?". Cette question encourage la personne à réfléchir à son état d'esprit et peut ouvrir la porte à une conversation sur les avantages de votre produit.

- *UTILISEZ DES MOTS POSITIFS :*

Les mots positifs ont un impact plus puissant sur les émotions de quelqu'un que les mots négatifs. Utilisez des mots comme "sécurité", "réussite" et "confort" pour créer une image mentale positive.

- *UTILISEZ DES HISTOIRES ET DES MÉTAPHORES :*

Les histoires et les métaphores sont un excellent moyen de faire passer un message sans paraître directif. Elles permettent également de créer des images mentales puissantes qui peuvent influencer les pensées et les émotions de la personne.

- *UTILISEZ LA TECHNIQUE DU "CADRE" :*

La technique du "cadre" consiste à donner un contexte favorable à la suggestion. Par exemple, au lieu de dire "Vous devriez acheter cette voiture", vous pouvez dire "Imaginez-vous conduire cette voiture, avec le vent dans les cheveux et le soleil sur votre visage".

- *UTILISEZ LA TECHNIQUE DE L'ANCRAGE :*

La technique de l'ancrage consiste à associer une émotion positive à un comportement ou à une action souhaitée. Par exemple, vous pouvez dire à quelqu'un "Chaque fois que vous voyez cette couleur, vous vous sentez motivé à travailler".

Avec subtilité et éthique, vous pouvez influencer les pensées et les émotions de quelqu'un de manière subtile mais puissante. Il est sensible de se rappeler que l'utilisation de ces techniques doit toujours être éthique et ne doit pas être utilisée pour manipuler ou tromper les autres.

Une de mes techniques préférées est l'ancrage, c'est un processus mental par lequel notre cerveau associe un stimulus ou une expérience à une réponse émotionnelle ou comportementale.

Ce mécanisme est utile pour automatiser certaines tâches, mais il peut également conduire à des croyances limitantes ou aidantes.

Par exemple, une personne qui a connu une expérience traumatisante en avion peut développer une peur intense de l'avion.

Cette personne peut ensuite généraliser cette peur à tous les moyens de transport, comme les trains ou les voitures, même si elle n'a jamais eu de problème avec eux.

Cette généralisation peut l'empêcher de voyager ou de profiter de certaines activités.

Une personne qui a réussi à surmonter une peur irrationnelle grâce à une thérapie peut généraliser cette capacité à d'autres situations de sa vie.

Elle peut alors développer une croyance aidante en ses capacités de résilience et de croissance personnelle

Il est important de prendre conscience de nos croyances limitantes et de les remettre en question afin de ne pas nous limiter nous-mêmes.

Nous pouvons également développer des croyances aidantes en nous rappelant nos réussites passées et en nous concentrant sur nos forces plutôt que sur nos faiblesses.

Les croyances ne sont pas figées, elles peuvent être modifiées ou créées à tout moment. Dans le contexte de la vente et des affaires, il est particulièrement important d'avoir des croyances aidantes pour soi-même et pour les autres.

Par exemple, une croyance limitante dans le domaine de la vente pourrait être "je ne suis pas doué pour vendre", ce qui pourrait limiter les efforts d'une personne pour atteindre ses objectifs de vente.

Une croyance aidante, en revanche, pourrait être "je suis capable de convaincre n'importe qui d'acheter mon produit", ce qui pourrait booster la confiance en soi et les résultats.

Il est possible de créer des croyances aidantes en travaillant sur son état d'esprit et sa perception des choses.

Une technique populaire pour cela est l'affirmation positive, qui consiste à répéter une phrase positive à soi-même chaque jour pour la renforcer.

Par exemple, "je suis un excellent vendeur" ou "mes clients adorent mes produits".

Mais les croyances aidantes ne sont pas seulement bénéfiques pour soi-même, elles peuvent également être utilisées pour aider les autres.

Par exemple, si vous dirigez une équipe de vente, vous pouvez encourager vos employés à croire en leur potentiel de réussite. Vous pouvez leur dire des choses comme "je crois en toi" ou "tu as le potentiel de devenir notre meilleur vendeur".

En renforçant leurs croyances aidantes, vous pouvez aider votre équipe à atteindre de meilleurs résultats.

Il existe plusieurs types d'ancrages, notamment les ancrages physiologiques, les ancrages verbaux et les ancrages visuels.

Les ancrages physiologiques sont liés à des sensations physiques, comme toucher un objet spécifique ou adopter une posture particulière.

Les ancrages verbaux sont liés à des mots ou des phrases spécifiques, tandis que les ancrages visuels sont liés à des images mentales ou des scènes visuelles.

Enfin, un storytelling touchant peut également aider à créer des croyances aidantes pour soi-même et pour les autres.

Par exemple, si vous avez vécu une expérience de vente réussie malgré des obstacles, partager cette histoire avec d'autres peut les inspirer et les aider à croire en leur propre potentiel de réussite.

En racontant des histoires d'inspiration, vous pouvez aider à renforcer les croyances aidantes et à changer la perception des gens sur leur propre potentiel.

Voici quelques exemples plus avancés de la façon dont les vendeurs et les commerciaux peuvent utiliser la PNL pour améliorer leur langage et leur communication :

Utilisez des langages sensoriels : Plutôt que de simplement décrire un produit ou un service, utilisez des mots qui décrivent des expériences sensorielles telles que la vue, le toucher, le goût et l'odorat. Par exemple, "Imaginez-vous la sensation de porter cette robe en soie douce et légère", ou "Sentez la délicieuse odeur de cette nouvelle bougie parfumée".

Créez des ancrages positifs : Les ancrages sont des stimuli qui déclenchent une réponse émotionnelle ou physique. En tant que vendeur, vous pouvez créer des ancrages positifs en associant un produit ou un service à une expérience agréable ou une émotion positive. Par exemple, si vous vendez des chaussures de course, vous pourriez demander au client de se rappeler comment il se sentait après avoir couru son meilleur temps avec ses chaussures actuelles, puis associer cette expérience positive au nouveau produit que vous proposez.

Remplacer les mots "mais" par "et" pour éviter de nier ou de rejeter l'idée précédente : "J'entends ce que vous dites, et voici mon point de vue."

Utiliser des mots de modalité pour rendre une affirmation plus puissante : "Je vais réussir" plutôt que "Je pourrais réussir".

Utiliser des mots qui impliquent les cinq sens pour ancrer une expérience positive : "Je vois le succès", "j'entends les applaudissements", "je ressens la fierté".

Utiliser des mots de métaphore pour transmettre un message ou une idée de manière plus subtile : "Nous devons semer les graines du changement pour récolter les fruits de la réussite".

En conclusion, l'art de la suggestion subtile est une technique qui consiste à utiliser les bons mots, la bonne intonation et le bon contexte pour influencer les pensées et les comportements des autres de manière subtile mais puissante.

Les suggestions peuvent être directes ou indirectes, mais la subtilité est souvent préférable pour amener la personne à changer de comportement ou d'attitude sans la brusquer.

La PNL est une discipline incroyablement puissante qui peut aider les gens à atteindre des objectifs qu'ils n'auraient peut-être jamais cru possible.

Avec la PNL, vous pouvez développer des compétences de communication exceptionnelles, améliorer votre confiance en vous, éliminer les peurs et les blocages qui vous empêchent d'avancer, et atteindre une meilleure compréhension de vous-même et des autres.

La capacité à amener au changement peut transformer votre vie et celle des autres de manière significative et positive.

Avec la PNL, vous avez la capacité de devenir la meilleure version de vous-même et d'aider les autres à faire de même.

Alors, n'hésitez pas à vous plonger dans cette discipline fascinante et découvrez tout ce qu'elle peut vous offrir !

CHAPITRE VI - COMMENT CRÉER UNE EXPÉRIENCE CLIENT MÉMORABLE

Vous savez probablement à quel point il peut être difficile de changer de comportement ou d'adopter de nouvelles pratiques.

Parfois, nous avons de bonnes intentions mais nous luttons pour passer de l'intention à l'action.

Peut-être avez-vous déjà essayé d'arrêter de fumer ou de manger moins de sucreries, mais vous avez constaté que cela était plus facile à dire qu'à faire.

La PNL est une méthodologie qui utilise des techniques de communication et le traitement du langage pour changer les modèles de comportement. Elle permet de reconfigurer notre façon de penser et de comportement pour atteindre nos objectifs.

En termes simples, la PNL explore la façon dont la communication verbale et non verbale affecte le cerveau humain.

L'une des principales responsabilités d'un thérapeute ou d'un thérapeute en PNL est d'identifier le système de représentation préféré d'une personne (PRS) - la préférence d'une personne envers un système sensoriel.

Dans la vente, la compréhension du PRS de votre client peut vous aider à adapter votre communication pour être plus efficace.

Si vous savez que votre client a un PRS visuel, vous pouvez utiliser des images et des graphiques pour lui expliquer votre produit ou service.

Si vous savez que votre client a un PRS auditif, vous pouvez utiliser des mots qui ont un son agréable pour lui.

En comprenant comment votre langage reflète votre perception subconsciente de vous-même et du monde qui vous entoure, vous pouvez travailler sur la reconnexion de votre cerveau pour un changement positif et durable.

Les cinq systèmes de représentation comprennent:

Visuel (vue) : Ce système de représentation est associé à la vue et à l'imagerie mentale. Les personnes qui ont une préférence visuelle peuvent être décrites comme étant « orientées vers l'image » et ont tendance à penser en termes de couleurs, de formes, de tailles et d'apparences visuelles.

Auditif (son) : Ce système de représentation est associé à l'ouïe et aux sons. Les personnes qui ont une préférence auditive peuvent être décrites comme étant « orientées vers le son » et ont tendance à penser en termes de sons, de tonalités, de mélodies, de rythmes et de voix.

Olfactif (odeur) : Ce système de représentation est associé à l'odorat et aux odeurs. Les personnes qui ont une préférence olfactive peuvent être décrites comme étant « orientées vers l'odeur » et ont tendance à penser en termes d'odeurs, de senteurs et d'arômes.

Gustatif (goût) : Ce système de représentation est associé au goût et aux saveurs. Les personnes qui ont une préférence gustative peuvent être décrites comme étant « orientées vers le goût » et ont tendance à penser en termes de saveurs, de textures, de températures et de goûts.

Kinesthésique (toucher) : Ce système de représentation est associé au toucher et aux sensations physiques. Les personnes qui ont une préférence kinesthésique peuvent être décrites comme étant « orientées vers le toucher » et ont tendance à penser en termes de sensations tactiles, de mouvements et de gestes. Elles peuvent avoir besoin de toucher des objets ou de pratiquer des activités physiques pour comprendre les informations.

En comprenant le système de représentation préféré de votre client, vous pouvez adapter votre communication pour être plus efficace et améliorer vos chances de conclure une vente.

Par exemple, si vous savez que votre client a une préférence visuelle, vous pouvez lui montrer des images, des graphiques ou des vidéos pour présenter votre produit ou service.

Vous pouvez également utiliser des adjectifs visuels tels que « lumineux », « éclatant » ou « coloré » pour décrire votre produit ou service.

D'un autre côté, si votre client a une préférence auditive, vous pouvez utiliser des mots qui ont un son agréable pour lui, comme « harmonieux », « mélodieux » ou « symphonique ».

Si votre client a une préférence kinesthésique, vous pouvez lui permettre de toucher votre produit ou de l'essayer. Vous pouvez également utiliser des mots et des phrases qui évoquent des sensations physiques, comme « confortable », « doux » ou « agréable ». Vous pouvez également mettre l'accent sur la façon dont votre produit ou service permettra à votre client de se sentir bien.

Certaines personnes ont une préférence pour plusieurs systèmes de représentation. Dans ce cas, vous pouvez utiliser une combinaison de techniques pour vous assurer que votre message est compris.

Si votre prospect a une préférence pour les systèmes visuel et auditif, vous pouvez utiliser des images et des descriptions verbales détaillées pour présenter votre produit ou service.

Imaginez que vous avez un assistant personnel dans votre cerveau qui trie et organise toutes les informations que vous recevez de l'extérieur.

Ce assistant utilise des raccourcis mentaux, appelés métaprogrammes, pour vous aider à prêter attention aux choses importantes et à donner un sens à votre environnement.

En d'autres termes, les métaprogrammes sont comme des applications logicielles pour votre cerveau qui contrôlent l'exécution de différents programmes mentaux.

Ils déterminent ce à quoi vous prêtez attention, comment vous prenez des décisions, et même comment vous interagissez avec les autres.

Ces programmes mentaux travaillent en arrière-plan pour diriger vos pensées, croyances, valeurs, souvenirs et réponses.

Ils fonctionnent en filtrant les informations que vous recevez de votre environnement et en décidant ce qu'il faut éliminer, déformer et/ou généraliser à partir de votre expérience.

Ces métaprogrammes sont donc des processus utilisés pour ordonner ce à quoi vous faites attention en fonction des informations que vous filtrez de votre environnement.

En utilisant les métaprogrammes de manière consciente, vous pouvez façonner vos croyances, opinions et perspectives sur le monde qui vous entoure.

Vous pouvez utiliser ces programmes mentaux pour orienter vos pensées et vos actions dans la direction que vous souhaitez, en fonction de vos objectifs et de vos valeurs.

Cependant, il est fondamental de noter que les métaprogrammes ne sont pas gravés dans la pierre. Les mêmes métaprogrammes peuvent se manifester de différentes manières en fonction du contexte et de la situation.

En comprenant comment fonctionnent les métaprogrammes, vous pouvez apprendre à les utiliser de manière efficace pour améliorer votre vie et atteindre vos objectifs.

Imaginez que vous voulez influencer quelqu'un, que ce soit pour conclure une vente, faire adhérer quelqu'un à une idée ou simplement établir une connexion plus profonde.

Vous pourriez essayer différentes tactiques et stratégies, mais saviez-vous que comprendre les métaprogrammes peut grandement vous aider dans cette quête ?

Que ce soit dans un contexte professionnel ou personnel, comprendre les métaprogrammes peut vous aider à établir une connexion plus profonde avec les autres.

En utilisant leurs modèles mentaux, vous pouvez mieux comprendre leurs besoins, leurs motivations et leurs préférences.

Cela vous permet de créer une relation de confiance, qui est la base de toute bonne communication.

Noter que les métaprogrammes sont contextuels. Cela signifie que les mêmes personnes peuvent avoir des modèles mentaux différents dans des situations différentes.

Par exemple, une personne peut avoir un ensemble de métaprogrammes pour son travail et un autre ensemble pour sa vie personnelle.

Voici un tableau des métaprogrammes les plus courants en PNL :

Métaprogramme	Description
Perceptuel / Conceptuel	(Préfère-t-on traiter l'information de manière concrète ou abstraite ?)
Interne / Externe	(S'intéresse-t-on davantage à son propre ressenti ou à l'environnement extérieur ?)
Global / Spécifique	(Préfère-t-on une vue d'ensemble ou se concentrer sur les détails ?)
Orienté vers les personnes / Orienté vers les tâches	(Accorde-t-on plus d'importance aux relations humaines ou aux résultats à atteindre ?)
Reconstruction / Découverte	(Préfère-t-on utiliser des connaissances acquises ou explorer de nouvelles options ?)
Motivé vers / Motivé loin de	(Est-ce que la motivation vient d'un objectif à atteindre ou de l'évitement d'une situation indésirable ?)

Les métaprogrammes sont des modèles de pensée qui impactent notre perception du monde et nos réactions face à celui-ci.

Ils sont donc utilisés pour mieux comprendre les motivations et les comportements d'une personne, mais également pour adapter notre communication en conséquence.

Afin d'accomplir cela, il revêt une importance capitale de se placer dans la perspective de notre interlocuteur, en assimilant pleinement son métaprogramme présent, et de l'utiliser habilement pour instaurer une communication véritablement performante.

Les métaprogrammes sont des façons de penser qui peuvent être utilisées pour prédire comment une personne peut réagir à une situation donnée.

Par exemple, il y a deux types de métaprogrammes : ceux qui sont orientés vers le succès et ceux qui sont orientés vers l'évitement des risques.

Les personnes qui sont orientées vers le succès sont motivées par la réalisation d'objectifs et la récompense qui en découle.

En revanche, les personnes qui sont orientées vers l'évitement des risques cherchent à éviter les problèmes et les douleurs.

Les mots que vous utilisez pour communiquer avec les personnes influencent également leur façon de penser.

Les personnes orientées vers le succès seront plus sensibles aux mots tels que "obtenir" ou "atteindre", tandis que les personnes orientées vers l'évitement des risques seront plus sensibles aux mots tels que "éviter" ou "prévenir".

Toutefois, des situations de conflit peuvent émerger lors des échanges entre ces deux profils de personnes.

Les personnes orientées vers le succès peuvent penser que les personnes orientées vers l'évitement des risques sont trop prudentes, tandis que les personnes orientées vers l'évitement des risques peuvent penser que les personnes orientées vers le succès sont trop impulsives.

Pour comprendre comment une personne est motivée, il est important de poser des questions pour déterminer ses métaprogrammes.

Par exemple, demandez-leur ce qu'ils attendent de leur travail ou pourquoi ils ont choisi leur voiture actuelle.

Les réponses qu'ils donnent peuvent vous aider à comprendre leur façon de penser et leur motivation.

Ainsi, la façon dont vous réagissez aux questions de prix et de négociation en tant que vendeur peut révéler beaucoup sur votre métaprogramme personnel.

Êtes-vous plus axé sur la recherche de solutions personnalisées pour vos clients, ou sur la défense de vos marges bénéficiaires ?

Êtes-vous plus enclin à écouter attentivement les besoins de vos clients et à y répondre, ou à rester fermement sur votre position initiale ?

Réfléchir à ces questions peut vous aider à mieux comprendre vos propres motivations et à affiner votre approche de vente.

Aussi, dans toute quête de transformation, il est essentiel de comprendre les états présents et souhaités.

L'état présent se réfère à la situation actuelle d'une personne, à ses sentiments et ses émotions en ce moment même, tandis que l'état souhaité représente la situation désirée ou le résultat que cette personne souhaite atteindre.

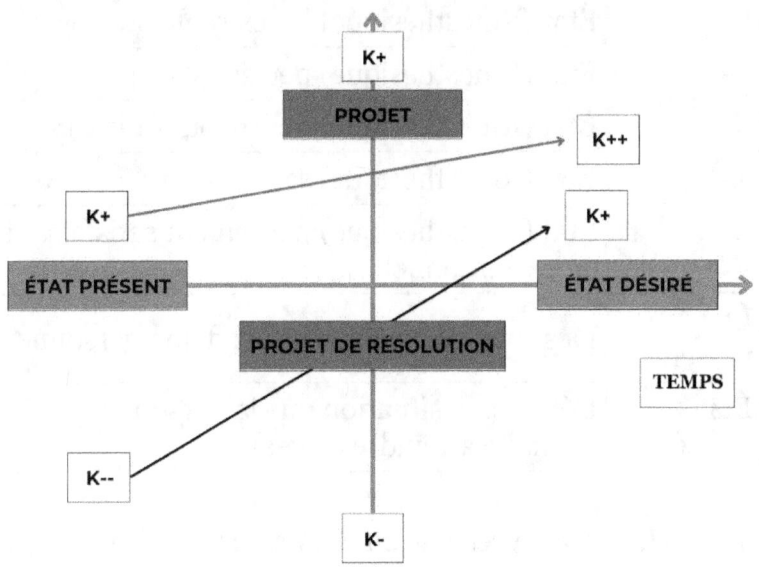

Prenons l'exemple d'un client qui souhaite perdre du poids. Son état présent est peut-être caractérisé par des sentiments de frustration, de découragement et de faible estime de soi en raison de son poids actuel. Son état souhaité, quant à lui, serait de se sentir en forme, d'avoir plus d'énergie et de confiance en soi grâce à une perte de poids.

L'état présent et l'état souhaité sont des concepts clés de la PNL qui peuvent également être appliqués au domaine de la vente. En tant que vendeur, vous devez être capable d'identifier l'état présent de votre client, c'est-à-dire leur situation actuelle, et leur état souhaité, c'est-à-dire leur objectif ou leur désir.

K--	État (Kinesthésique) indésirable ou négatif
K-	État (Kinesthésique) peu satisfaisant
K	État (Kinesthésique) neutre ou ordinaire
K+	État (Kinesthésique) satisfaisant
K++	État (Kinesthésique) hautement satisfaisant ou exceptionnel
État présent	La situation ou l'état actuel d'une personne
État désiré	L'état ou la situation que la personne souhaite atteindre ou réaliser

En PNL, l'état présent ou désiré ne se limite pas seulement aux sensations kinesthésiques (K), il peut également être représenté par d'autres modalités sensorielles telles que la vue (V), l'ouïe (A) ou l'odorat (O).

Par exemple, un client peut se sentir en A-K- lorsqu'il entend une critique négative, en O++K+ lorsqu'il sent l'odeur de son parfum préféré, ou en V+K++ lorsqu'il voit un sourire chaleureux sur le visage d'un ami.

Il est important de prendre en compte toutes les modalités sensorielles lors de l'identification de l'état présent et désiré d'un client en PNL afin de créer un changement positif.

Cependant, ces états émotionnels ne sont pas uniquement liés aux sensations corporelles. On peut aussi se sentir bien (K+) en regardant un beau paysage (V), en écoutant une musique agréable (A), en se rappelant un bon souvenir (V), en imaginant une scène plaisante (V), ou encore en dégustant un aliment délicieux (G).

De même, on peut se sentir mal (K-) en écoutant une musique désagréable (A), en revivant un souvenir douloureux (V), en imaginant une scène effrayante (V), etc.

La notation pour exprimer l'état présent et l'état désiré d'une personne est généralement la suivante :

K pour les sensations kinesthésiques (ressentis corporels)
V pour la vue (images mentales)
A pour l'ouïe (sons et voix intérieures)
O pour l'odorat (odeurs intérieures)
G pour le goût (goûts intérieurs)
AD pour l'auto-dialogue (pensées intérieures)

Il existe différents états émotionnels que l'on peut ressentir. Par exemple, on peut se sentir bien (K+) ou mal (K-) en fonction de notre état émotionnel présent.

La PNL peut être utilisée pour aider le client à passer de son état présent à son état souhaité en identifiant les obstacles et les croyances limitantes qui l'empêchent de réaliser son objectif.

Par exemple, si le client a tendance à grignoter en fin de soirée, il peut être utile d'utiliser des techniques de PNL pour identifier les déclencheurs de ce comportement et les remplacer par des alternatives plus saines.

Lorsqu'il s'agit de convaincre un client d'adopter une nouvelle façon de penser ou d'agir pour atteindre son état souhaité, utiliser des phrases positives.

Par exemple, "Imaginez comment vous vous sentirez lorsque vous atteindrez votre poids idéal (K++). Vous aurez plus d'énergie pour profiter de la vie, vous vous sentirez plus confiant (K+) et plus heureux dans votre corps (K+)". De telles phrases peuvent aider à inspirer et motiver une personne à travailler vers son objectif.

Prenons l'exemple d'une personne qui souhaite améliorer ses compétences de vente. Tout d'abord, cette personne doit identifier son état présent. Est-ce qu'elle se sent en confiance lorsqu'elle parle à des clients potentiels ? Ou est-ce qu'elle éprouve de la nervosité ou de l'anxiété (K-) ?

Une fois que l'état présent (Peut-être en V-K- images mentales peu claires et une sensation de blocage lorsqu'elle essaie de convaincre quelqu'un) est identifié, la personne peut commencer à se concentrer sur l'état souhaité.

Peut-être qu'elle aimerait se sentir plus à l'aise et plus confiante (K+) lorsqu'elle parle aux clients, ou peut-être qu'elle aimerait être plus persuasive dans sa communication (État désiré : Voudrait être en V+K+ images mentales claires et sensation de facilité lorsqu'elle essaie de convaincre quelqu'un).

Grâce à l'application de techniques de Programmation Neuro-Linguistique (PNL), notamment la pratique de la visualisation et de la modélisation, il est possible d'amorcer une transformation de l'état d'esprit d'une personne afin d'atteindre l'état désiré.

Le projet de résolution doit être clairement défini et spécifique, avec des critères précis pour mesurer le succès de sa réalisation.

En PNL, on utilise souvent la technique SMART pour définir un projet de résolution : l'objectif doit être Spécifique, Mesurable, Atteignable, Relevant et Temporellement défini.

Illustration de la technique SMART pour définir un projet de résolution en PNL :

Lettre	Signification	Exemple
S	Spécifique	Je veux perdre 5 kilos en 3 mois
M	Mesurable	Je vais mesurer mon poids chaque semaine pour voir si j'ai perdu 1 kilo par semaine
A	Atteignable	Perdre 5 kilos en 3 mois est un objectif réalisable pour moi
R	Relevant	Perdre du poids est important pour ma santé et mon bien-être
T	Temporellement défini	Je vais atteindre cet objectif dans les 3 mois à venir

CHAPITRE VII - POUSSER LES LIMITES DE LA VENTE :

UTILISER LE POUVOIR DES PHRASES ET DES MOTS QUI PLONGENT VOS CLIENTS EN INTROSPECTION

Il existe un monde où chaque vente que vous réalisez n'est plus simplement une transaction, mais plutôt une expérience de découverte pour votre client.

Un monde où vous êtes capable de faire passer votre client de la simple envie à la prise de conscience de ses véritables besoins et désirs.

Bienvenue dans le monde de l'introspection.

L'introspection est une technique puissante qui vous permet de guider votre client dans un état de réflexion profonde sur lui-même.

Avec les bons mots et les bonnes phrases, vous pouvez amener votre client à comprendre ses propres motivations et besoins, tout en découvrant comment vos produits ou services peuvent les satisfaire.

Mais comment cela fonctionne-t-il ? Et comment pouvez-vous l'utiliser pour vendre avec succès ?

Explorant ensemble le pouvoir des phrases et des mots qui plongent en profonde introspection.

Comment peut t'on aider un collaborateur à prendre des décisions éclairées tout en évitant les réponses habituelles du type "je vais réfléchir".

L'introspection a ses racines dans *l'hypnose ericksonienne,* une approche de l'hypnose thérapeutique développée par le célèbre psychiatre Milton H. Erickson.

Erickson était connu pour ses techniques innovantes de communication hypnotique, qui permettaient à ses patients de trouver des solutions à leurs problèmes en puisant dans leur propre expérience intérieure.

L'hypnose ericksonienne a influencé la PNL et la communication non verbale, qui sont toutes deux des approches qui utilisent la communication pour atteindre des objectifs spécifiques.

Ces approches ont en commun l'utilisation de la communication pour amener les clients à se concentrer sur leurs pensées et leurs émotions, ce qui les aide à trouver des solutions à leurs problèmes.

L'introspection en vente peut être considérée comme une extension de ces techniques, qui sont utilisées pour aider les clients à prendre des décisions profondément satisfaisantes.

En orientant votre discours avec des phrases et des termes propices à l'introspection, vous avez la capacité d'inciter vos clients à focaliser leur attention sur leurs besoins et leurs motivations.

Cet état peut être très utile pour un vendeur, car il peut amener le client à être plus réceptif aux suggestions et aux idées proposées.

Lorsque nous sommes en état d'introspection légère, nous sommes plus ouverts aux idées et aux suggestions car nous sommes en train de chercher des réponses à nos propres questions.

En d'autres termes, nous sommes en train de nous persuader nous-mêmes.

Cela signifie que si un vendeur est capable d'amener son client à se centrer sur ses propres besoins et désirs, il peut influencer ses pensées et ses émotions de manière subtile de manière responsable et éthique.

Lorsque les personnes exerçant la profession de vendeur usent d'un langage persuasif, axé sur l'écoute active et l'empathie, cela peut conduire les clients à une réflexion introspective approfondie, les amenant ainsi à mieux comprendre leurs besoins et motivations réels.

Cette approche habile de la vente peut donc être considérée comme un art essentiel dans notre vie quotidienne.

En amenant le client à se concentrer sur ses propres pensées et émotions, le vendeur peut créer un environnement où le client est plus ouvert aux suggestions et aux idées.

Action	Exemple
Suggérer	"Peut-être que cela pourrait fonctionner si..."
Proposer	"Et si on essayait de..."
Encourager	"Vous avez déjà fait un excellent travail avec X, je suis sûr que vous pouvez également réussir avec Y"
Amener	"Comment pourriez-vous atteindre cet objectif ?"
Questionner	"Comment pensez-vous que cela pourrait fonctionner ?"
Réfléchir	"Je me demande si cela pourrait être une option"
Stimuler	"Pensez-vous qu'il serait possible de..."
Évoquer	"Je me souviens d'une fois où..."
Susciter	"Imaginez-vous..."
Attirer l'attention	"Je remarque que..."
Partager	"J'ai trouvé cette technique utile pour moi-même, peut-être que cela pourrait vous aider également"

Noter qu'il existe différentes intensités d'introspection. Certaines personnes peuvent se concentrer très profondément sur leurs propres pensées et émotions, tandis que d'autres peuvent ne faire que gratter la surface de leur conscience.

Une introspection légère peut être utile pour créer une atmosphère propice à la vente, car elle permet au client de se concentrer sur ses besoins et motivations.

Toutefois, une introspection plus profonde peut être encore plus puissante car elle permet au client d'explorer plus en profondeur ses propres désirs et motivations.

Le niveau d'intensité de l'introspection peut être influencé par la façon dont le vendeur utilise les phrases et les mots pour amener le client à se concentrer sur ses propres pensées et émotions.

Les phrases et les mots qui encouragent la réflexion en profondeur peuvent amener le client à entrer dans un état d'introspection plus intense, tandis que les phrases et les mots plus légers peuvent créer une introspection plus légère.

Trouvez le bon équilibre pour chaque client individuel.

Pour certains, une introspection légère peut être suffisante pour amener une prise de décision favorable à la vente, tandis que pour d'autres, une introspection plus profonde peut être nécessaire pour les amener à se connecter avec leurs désirs et motivations les plus profonds.

Visualisez vous en train de discuter avec une amie qui envisage de changer de carrière. Vous voulez l'aider à explorer ses motivations plus profondément.

Vous pouvez commencer avec une technique d'introspection légère en posant une question simple, comme "Pourquoi envisages-tu de changer de carrière ?"

Cette question peut amener votre ami à réfléchir brièvement à ses motivations et à les exprimer à voix haute. Elle pourrait répondre : "Je veux faire quelque chose de plus stimulant et qui a plus de sens pour moi."

Cependant, vous sentez que cette réponse superficielle ne vous donne pas une idée claire de ce qui se passe réellement.

Vous décidez alors d'utiliser une technique d'introspection plus intense pour amener votre ami à explorer plus en profondeur ses motivations.

Vous pourriez dire quelque chose comme "Je me demande si tu as peur de te sentir coincé dans une carrière qui ne te satisfait pas ?"

Cette question engage votre ami à réfléchir plus profondément à ses motivations et à les exprimer d'une manière plus approfondie. Il pourrait répondre : "En réalité, oui, j'ai l'impression de ne pas être pleinement épanoui dans mon travail actuel.

J'ai peur de ne pas pouvoir réaliser mon potentiel et de passer ma vie à faire quelque chose qui ne me passionne pas vraiment."

En posant cette question, vous avez encouragé votre ami à explorer plus en profondeur ses propres pensées et émotions.

Cela crée un état d'introspection plus intense, qui peut être plus utile pour identifier les véritables motivations et les besoins de votre amie.

L'état d'introspection peut être très utile pour amener votre client à explorer ses propres besoins et désirs, mais il faut ne pas aller trop loin et ne pas pousser le client dans une zone de stress ou d'inconfort émotionnel.

Pour éviter cela, voici quelques astuces à garder en tête :

- *Restez attentif à l'état émotionnel de votre client :* Si vous remarquez que votre client est stressé ou mal à l'aise, ralentissez le rythme et essayez de revenir à une conversation plus légère.

- *Utilisez des questions ouvertes :* Les questions fermées qui nécessitent une réponse simple peuvent limiter l'exploration émotionnelle de votre client. En utilisant des questions ouvertes, vous encouragez votre client à explorer plus profondément ses pensées et ses émotions sans se sentir limité.

- *Évitez les sujets sensibles :* Si vous connaissez des sujets qui peuvent être sensibles pour votre client, évitez de les aborder à moins que cela soit absolument nécessaire. Si vous devez les aborder, faites-le avec tact et empathie.

Aussi voici quelques exemples de situations où l'utilisation de l'introspection ne fonctionne pas avec les objectifs désirés, ainsi que les leçons à en tirer :

- *Forcer l'introspection :* Il peut être tentant pour les vendeurs d'utiliser l'introspection pour amener les clients à réfléchir profondément à leurs besoins, mais il est ne forcer pas cette introspection. Les collaborateurs doivent se sentir à l'aise pour réfléchir à leurs besoins, sinon ils peuvent se sentir manipulés et devenir méfiants.

- *Se livrer à l'introspection dans des contextes inappropriés :* L'utilisation de l'introspection peut ne pas être appropriée dans toutes les situations de vente. Par exemple, si un client est pressé ou stressé, il peut ne pas être en mesure de se concentrer sur l'introspection. Lisez les signaux du client pour savoir s'il est ouvert à une telle conversation.

- *Exploiter l'introspection sans accorder une réelle attention aux réponses du client :* Les vendeurs peuvent parfois poser des questions introspectives, mais ne pas écouter attentivement les réponses du client. Cela peut nuire à la relation de confiance entre le vendeur et le client et conduire à une vente ratée. Il est important d'écouter attentivement les réponses du client pour mieux comprendre ses besoins et y répondre efficacement.

- *Ne pas respecter les limites personnelles du client :* L'introspection peut être un processus très personnel et certains clients peuvent ne pas se sentir à l'aise de partager leurs pensées et leurs émotions. Il est important de respecter les limites personnelles du client et de ne pas pousser trop loin dans la conversation.

- *Utiliser l'introspection de manière incohérente :* Lorsque l'utilisation de l'introspection est incohérente, cela peut rendre le client confus et frustré. Restez cohérent dans la façon dont vous utilisez l'introspection pour aider le client à se sentir plus à l'aise et plus en confiance.

Parfait, nous allons donc passer à une autre section de ce chapitre, où je vais vous partager quelques trames que j'ai préparées.

Ces trames contiennent une liste de mots et de phrases à tendance hypnotique que vous pouvez utiliser pour plonger vos clients dans un état d'introspection et les amener à se connecter avec leurs propres émotions et besoins.

Cependant, je tiens à souligner que l'utilisation de ces trames doit être faite avec précaution.

L'hypnose conversationnelle peut être puissante et doit être utilisée avec éthique et responsabilité.

Il est essentiel de veiller à ne pas manipuler les clients ou les influencer à prendre des décisions qui ne correspondent pas à leurs véritables souhaits.

Avant gardez en tête ces éléments à prendre en compte :

- *Soyez précis :* Employez des mots précis pour décrire les émotions, les sensations et les images que vous voulez que le client imagine. Par exemple, au lieu de dire "imaginez une plage", dites "imaginez une plage avec des vagues qui s'écrasent doucement sur le sable et une brise chaude qui caresse votre visage".

- *Soyez conscient de votre intonation et de votre rythme :* Manifestez une voix calme et détendue, avec un rythme lent et régulier. Cela aide à créer un état de relaxation et à encourager l'entrée en introspection.

- *Marquez des pauses* : Imposez des pauses stratégiques pour laisser au client le temps d'imaginer et de réfléchir. Cela permet de renforcer l'expérience d'introspection.

Pour ne pas activer le cortex et éviter la réflexion :

Mots à bannir	Alternative
Réfléchir	Sentir
Penser	Imaginer
Analyser	Découvrir
Comprendre	Explorer
Évaluer	Apprécier
Répondre	Partager
Juger	Observer
Choisir	Explorer les options
Prendre une décision	S'engager

Ce ne sont que des suggestions et que l'utilisation de ces mots peut varier en fonction de la situation de vente et du client.

L'objectif est simplement d'éviter de stimuler le cortex et de favoriser l'état d'introspection pour encourager l'impulsion d'achat.

Voilà une sélection de techniques d'hypnose conversationnelle à intégrer dans votre boîte à outils de communication hypnotique, afin d'induire un état d'introspection chez votre interlocuteur : "Si vous utilisez ces phrases et ces mots clés, vous pourrez plonger votre interlocuteur dans un état d'introspection hypnotique, et lui faire découvrir ses propres pensées et émotions de manière subtile et puissante."

Mots/Phrases	Utilisation
"Je me demande..."	Inviter la personne à réfléchir à quelque chose sans imposer une idée ou une réponse spécifique. Exemple : "Je me demande comment tu te sens par rapport à cette situation."
"Comment te sens-tu lorsque..."	Inviter la personne à explorer ses émotions et à exprimer comment elle se sent dans une situation donnée. Exemple : "Comment te sens-tu lorsque tu es confronté à cette situation ?"
"Quelle est ton expérience de..."	Inviter la personne à partager son expérience personnelle et à réfléchir à comment elle a vécu une situation. Exemple : "Quelle est ton expérience de la prise de parole en public ?"
"Que dirais-tu si..."	Inviter la personne à réfléchir à une situation hypothétique et à explorer ses pensées et émotions à ce sujet. Exemple : "Que dirais-tu si tu avais plus de temps libre ?"
"As-tu déjà ressenti..."	Inviter la personne à explorer ses émotions passées et à réfléchir à comment elle a vécu une situation spécifique. Exemple : "As-tu déjà ressenti de la colère dans une situation similaire ?"
"Comment pourrais-tu..."	Inviter la personne à réfléchir à des solutions possibles ou à des actions qu'elle pourrait prendre. Exemple : "Comment pourrais-tu aborder cette situation différemment ?"
"Pourquoi penses-tu que..."	Inviter la personne à réfléchir à une situation donnée et à explorer les raisons derrière ses pensées et émotions. Exemple : "Pourquoi penses-tu que tu as réagi de cette manière ?"
"Que ferais-tu si..."	Inviter la personne à réfléchir à une situation hypothétique et à explorer ses options et solutions possibles. Exemple : "Que ferais-tu si tu étais confronté à cette situation ?"

Structure de la phrase	Exemples de X	Exemples de Y
Tu n'es pas obligé(e) de _	Faire l'achat tout de suite	Sauf si cela t'intéresse réellement
Tu n'es pas obligé(e) de _	Prendre une décision maintenant	Sauf si tu es sûr(e) de ton choix
Tu n'es pas obligé(e) de _	Répondre immédiatement	Sauf si tu as des informations complémentaires
Tu n'es pas obligé(e) de _	Changer tes habitudes	Sauf si cela peut améliorer ta vie
Tu n'es pas obligé(e) de _	Rester dans cette situation	Sauf si cela te rend malheureux(se)

Structure de la phrase	Exemples de la première partie (et si)	Exemples de la deuxième partie
Et si tu pouvais ___	Réaliser tes rêves les plus fous	Quels seraient-ils ?
Et si tu pouvais ___	Avoir confiance en toi à chaque instant	Comment cela changerait-il ta vie ?
Et si tu pouvais ____	Savoir exactement ce que tu veux dans la vie	Comment cela te permettrait-il d'être plus heureux(se) ?
Et si tu pouvais ____	Vaincre tes peurs les plus profondes	Comment cela te libérerait-il ?

Modèle de phrase	Exemple de phrase
Tu n'es pas obligé de...	Tu n'es pas obligé de prendre une décision maintenant, SAUF si tu penses que c'est la bonne chose à faire. Tu n'es pas obligé de me croire, SAUF si tu es prêt à essayer une nouvelle façon de penser. Tu n'es pas obligé de te sentir à l'aise, SAUF si tu as vraiment envie de changer.
Et SI...	ET SI tu pouvais imaginer à quoi ressemblerait ta vie si tu faisais ce changement ? ET SI tu avais la possibilité de vivre ta vie selon tes propres termes ? ET SI tu pouvais prendre des décisions en toute confiance et en toute tranquillité d'esprit ?

Nous avons vu que l'introspection peut être un outil puissant pour engager les clients et les amener à explorer plus profondément leurs pensées et leurs émotions.

Il convient de relever que l'exercice de l'introspection ne produit pas toujours des résultats optimaux, car il requiert certaines conditions préalables pour être véritablement fructueux. Nous avons échangé sur l'impact de formuler les phrases en évitant l'utilisation de termes qui stimulent la partie réfléchie du cerveau.

CHAPITRE VIII: LA LOI DES 20/80

La loi des 20/80 également connue sous le nom de principe de Pareto est un concept qui stipule que 20% des causes produisent 80% des effets.

Ce principe a été découvert par Vilfredo Pareto, un économiste italien du 19ème siècle, qui était connu pour ses travaux sur la distribution de la richesse et de l'inégalité économique.

Un jour, en observant la distribution des richesses en Italie, Pareto a constaté que 20% de la population possédait 80% des richesses.

Intrigué, il a continué ses recherches et a découvert que ce schéma était présent dans de nombreux autres domaines, tels que la productivité, la qualité, et même la criminalité.

Cette observation est devenue plus tard connue sous le nom de loi des 20/80, et elle est aujourd'hui considérée comme l'un des principes les plus importants de l'économie et de la gestion.

Elle permet de comprendre la répartition inégale des résultats dans de nombreux domaines, et aide à déterminer où concentrer ses efforts pour obtenir le plus de résultats avec le moins d'efforts.

En comprenant les principaux facteurs de succès qui sous-tendent cette loi, vous pouvez maximiser vos résultats de vente en ciblant intelligemment vos efforts.

La loi des 20/80 peut s'appliquer aux clients : 20% de vos clients représentent 80% de vos revenus. Vous devez cibler ces clients clés pour maximiser vos ventes et fidéliser ces clients.

Cette loi peut également s'appliquer aux produits : 20% de vos produits représentent 80% de vos ventes. Il est donc important de cibler ces produits clés pour maximiser vos revenus.

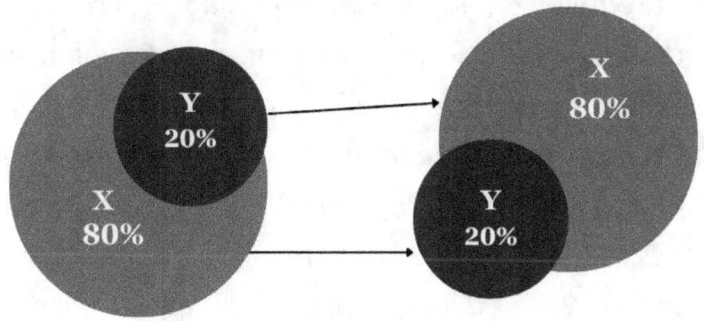

Un exemple concret de l'application de la loi des 20/80 est l'entreprise Apple. Apple a réussi à devenir l'une des entreprises les plus prospères au monde en se concentrant sur les 20% de ses activités ayant le plus de valeur. La société a choisi de se concentrer sur la création de produits innovants plutôt que de se disperser en proposant une grande variété de produits. Cette stratégie a permis à Apple de se concentrer sur ses produits phares, tels que l'iPhone et l'iPad, qui ont généré 80% de son chiffre d'affaires. En utilisant la loi des 20/80, Apple a également pu maximiser son rendement en identifiant les activités qui ont le plus grand impact sur son entreprise et en les ciblant.

Par exemple, en se concentrant sur la création de produits innovants, Apple a été en mesure de lancer de nouveaux produits régulièrement, ce qui a permis à l'entreprise de maintenir un flux constant de revenus. De plus, en se concentrant sur une poignée de produits phares, Apple a pu investir davantage dans la recherche et le développement, ce qui a permis à l'entreprise de rester en tête devant la concurrence.

Ainsi, en utilisant la loi des 20/80, Apple a réussi à maximiser son rendement en identifiant les activités qui ont le plus grand impact sur son entreprise et en les ciblant.

Cette stratégie a permis à Apple de devenir l'une des entreprises les plus prospères au monde en se concentrant sur les 20% de ses activités qui ont le plus de valeur.

C'est pour cela que l'application de cette loi est essentielle pour tous les dirigeants d'entreprise qui souhaitent maximiser leur rendement et leur chiffre d'affaires.

Si cela ne vous suffisait pas, prenons à présent l'exemple d'une petite entreprise de vente en ligne de vêtements de sport.

Pour utiliser la loi des 20/80, cette entreprise pourrait se concentrer sur les 20% de ses produits qui génèrent 80% de ses ventes.

En se concentrant sur ces produits les plus populaires, elle pourrait augmenter sa marge bénéficiaire en réduisant les coûts d'achat et en augmentant les prix de vente.

En adoptant cette approche, l'entreprise pourrait également se concentrer sur les 20% de ses clients qui génèrent 80% de ses ventes.

En ciblant ces clients les plus fidèles, elle pourrait les fidéliser encore plus en leur offrant des offres exclusives et des réductions.

Enfin, l'entreprise pourrait également utiliser la loi des 20/80 pour se concentrer sur les 20% des canaux de vente qui génèrent 80% des ventes.

Par exemple, si la majorité des ventes proviennent d'une plateforme de vente en ligne, l'entreprise pourrait se concentrer sur cette plateforme et réduire ses efforts sur les autres canaux de vente.

En résumé, en utilisant la loi des 20/80, cette petite entreprise pourrait optimiser ses efforts en se concentrant sur les produits, les clients et les canaux de vente les plus rentables.

Cela lui permettrait de maximiser ses profits et de se développer efficacement.

En se concentrant sur ces produits populaires et en les améliorant encore, l'entreprise peut augmenter ses ventes et sa part de marché.

Selon une étude menée par l'Université de Harvard, les entreprises qui utilisent la loi des 20/80 ont tendance à augmenter leur chiffre d'affaires de 30% en moyenne.

CHAPITRE IX - VENDRE AUTREMENT :
LES CLÉS DE LA VENTE MODERNE

La vente a considérablement évolué au fil des décennies. Autrefois, la vente était principalement basée sur la persuasion et la manipulation des clients, mais aujourd'hui, elle est devenue plus subtile et plus basée sur l'écoute et la compréhension des besoins des clients.

Les vendeurs modernes sont devenus des experts en psychologie de l'acheteur pour découvrir les véritables besoins et motivations des clients, et adapter leur approche de vente en conséquence.

Avec l'avènement des technologies de l'information, la vente s'est également adaptée pour devenir plus digitale.

Les vendeurs peuvent désormais utiliser des outils tels que les chats en ligne, les webinaires et les vidéos pour connecter avec les clients, où qu'ils soient dans le monde.

Les entreprises peuvent également utiliser les réseaux sociaux et les plateformes de marketing automatisées pour cibler les clients potentiels et les convertir en clients réels.

Les méthodes utilisées il y a 5000 ans, comme les bazars de la vieille ville de Babylone ou les marchés nomades d'Égypte, étaient très différentes des méthodes utilisées aujourd'hui.

Les commerçants de l'époque devaient utiliser des techniques de persuasion verbale pour convaincre les acheteurs de leur offrir le meilleur prix pour leurs produits.

Au fil des siècles, la vente a continué de se développer avec l'apparition de la publicité, de la vente en gros et de la vente par correspondance.

Les entreprises ont dû s'adapter aux changements technologiques et sociaux pour rester compétitives.

Aujourd'hui, la vente moderne est caractérisée par l'utilisation d'outils numériques tels que les sites web, les réseaux sociaux et les logiciels de gestion de la relation client.

Des exemples concrets de vente moderne incluent l'utilisation de la technologie de la réalité virtuelle pour permettre aux consommateurs de visualiser un produit avant de l'acheter, ou encore l'utilisation de l'intelligence artificielle pour personnaliser les offres de vente en fonction des préférences des consommateurs.

Cette évolution va continuer avec l'apparition de nouvelles technologies et de nouvelles préoccupations éthiques. Les entreprises qui sauront s'adapter à ces changements seront celles qui réussiront le mieux dans l'environnement concurrentiel d'aujourd'hui.

La vente en ligne est devenue un élément clé de la stratégie de vente pour de nombreux entrepreneurs.

Avec l'augmentation de la technologie et la croissance de l'Internet, les entreprises peuvent désormais atteindre des clients partout dans le monde, 24 heures sur 24, 7 jours sur 7.

La marque de cosmétiques "Glossier". Elle a utilisé les réseaux sociaux pour créer une communauté en ligne de clients fidèles, en utilisant les influenceurs et les campagnes de marketing pour atteindre de nouveaux clients potentiels. Grâce à cette stratégie, Glossier a réussi à devenir l'une des marques de cosmétiques les plus populaires sur le marché, en augmentant considérablement son chiffre d'affaires et sa croissance.

Il est évident que les entreprises qui adoptent une stratégie de vente en ligne efficace peuvent atteindre un public plus large, augmenter leur chiffre d'affaires et augmenter leur rentabilité.

Pour réussir dans la vente en ligne, il est important de comprendre les besoins de vos clients, de créer une expérience d'achat en ligne agréable et de rester à jour avec les dernières technologies et tendances en matière de vente en ligne.

Avant de vendre en ligne, créer de la valeur concurrentielle en utilisant la loi porter.

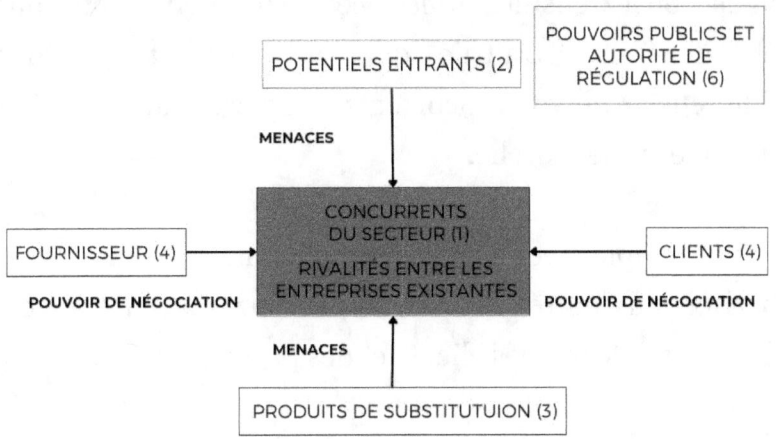

La loi de Porter est une théorie économique développée par Michael Porter, un économiste américain. Elle stipule que la performance d'une entreprise dépend de la force de sa position concurrentielle dans un marché donné.

Selon Porter, il existe cinq facteurs clés qui influencent la position concurrentielle d'une entreprise : les barrières à l'entrée, la menace des nouveaux entrants, la menace des produits de substitution, la rivalité entre les concurrents existants et la pression des acheteurs et des fournisseurs.

Pour utiliser cette loi à votre avantage, il est important de comprendre comment ces facteurs influencent votre marché et votre entreprise.

Vous pouvez ensuite utiliser cette compréhension pour élaborer une stratégie qui vous permet de vous différencier de vos concurrents et de créer une position de force sur le marché.

Par exemple, vous pourriez chercher à élever les barrières à l'entrée en développant des marques fortes, des relations avec les clients et des partenariats clés.

Vous pourriez également chercher à réduire la menace des produits de substitution en développant des produits uniques ou en améliorant la qualité de vos produits existants.

Il est essentiel de maintenir une vigilance constante envers les évolutions du marché et les initiatives concurrentielles afin de préserver une position solide dans votre secteur d'activité.

En appliquant ces techniques et en demeurant attentif, il est possible d'optimiser les bénéfices de votre entreprise grâce à l'utilisation stratégique de la loi de Porter pour renforcer votre position sur le marché.

Loic Soubeyrand est un entrepreneur français qui a réussi à utiliser internet pour vendre efficacement son produit, Swile. Swile est une carte de paiement prépayée qui permet aux employeurs de donner de l'argent de poche à leurs employés, tout en les aidant à gérer leur budget.

En exploitant les possibilités offertes par Internet, Loic Soubeyrand a réussi à atteindre un public plus large et à toucher des clients qui n'auraient peut-être pas été accessibles via des canaux de vente traditionnels.

Il a utilisé des campagnes de publicité en ligne ciblées pour attirer les employeurs intéressés par son produit, et a utilisé des outils de marketing d'automation pour générer des leads et des conversions.

Grâce à ces efforts, Swile est devenu un succès sur le marché français, avec des milliers de clients satisfaits.

Cela montre à quel point il est important pour les entreprises de maîtriser les outils de vente en ligne pour atteindre leur public cible et augmenter leurs ventes.

Vu que les exemples sont appréciés par la plupart des lecteurs, en voici un autre, l'exemple d'un entrepreneur français qui a réussi à vendre efficacement sur internet est Xavier Niel, fondateur de Free et de la société de vente en ligne de produits électroniques, LDLC. Niel a réussi à créer une plateforme de vente en ligne intuitive et facile à utiliser, qui permet aux consommateurs de trouver et d'acheter facilement les produits qu'ils recherchent.

De plus, en proposant des prix compétitifs et en proposant une expérience d'achat personnalisée, Niel a réussi à attirer et à fidéliser de nombreux clients.

Grâce à l'application de tactiques de marketing novatrices telles que les ventes éclair et les codes promotionnels, Niel a connu une augmentation significative des ventes et des bénéfices au sein de son entreprise.

Cet exemple démontre comment une entreprise peut utiliser les technologies modernes pour vendre efficacement sur internet, en proposant une expérience d'achat personnalisée et en utilisant des stratégies de marketing innovantes pour augmenter les ventes et les bénéfices.

Tesla a aussi révolutionné la vente en ligne en créant un nouveau marché pour les véhicules écologiques.

En utilisant une plateforme de vente en ligne innovante, Tesla a réussi à vendre des voitures électriques directement aux consommateurs, sans passer par les concessions traditionnelles.

Cette approche a permis à Tesla de réduire les coûts de distribution et de maximiser les marges bénéficiaires.

C'est d'autant plus Smart car elle a également permis à Tesla de cibler efficacement sa clientèle, en se concentrant sur les consommateurs intéressés par les véhicules écologiques et les nouvelles technologies.

En utilisant des outils de marketing en ligne tels que les campagnes publicitaires ciblées, les médias sociaux et les vidéos de démonstration, Tesla a réussi à attirer l'attention des consommateurs sur ses produits et à les inciter à acheter en ligne.

Surtout, Tesla a également utilisé la vente en ligne pour offrir une expérience d'achat unique et personnalisée à ses clients.

Les clients peuvent configurer leur voiture en ligne, choisir les options et les accessoires, et même effectuer un achat en ligne en utilisant des options de financement flexibles.

Bien sûr, je sais que la plupart des options utilisées par ses grandes sociétés peuvent paraître onéreuse ou difficiles à mettre en place.

Mais j'insiste sur ce point l'importance d'assurer une présence maximale sur le Web en assurant un suivi constant.

L'omnicanal peut vous faire devenir riche si vous arrivez à trouver le juste équilibre entre présence physique (avec de la prospection et fidélisation par commerciaux /conseillers disponible et à l'écoute) et digital.

Lorsqu'il s'agit de vendre en ligne, il est important de comprendre que *le design et l'expérience utilisateur de votre site web ont un impact direct sur vos conversions.*

Voici quelques techniques et outils qui peuvent vous aider à améliorer considérablement votre site web :

- *Des offres spéciales et des coupons* pour inciter les visiteurs à acheter.
- *Des boutons d'appel à l'action* clairs et visibles pour inciter les visiteurs à acheter.
- *Des formulaires de contact* pour collecter les informations des visiteurs et les convertir en clients.
- *Des vidéos* pour présenter vos produits et services de manière interactive.
- *Des chatbots* pour répondre aux questions des visiteurs en temps réel.
- *Des pop-ups* pour inciter les visiteurs à s'inscrire à votre liste de diffusion.
- *Des témoignages :* les témoignages de clients satisfaits peuvent aider à renforcer la confiance des visiteurs dans votre produit ou service.
- *Le retargeting* pour inciter les visiteurs à revenir sur votre site.
- *Des techniques de SEO* pour améliorer la visibilité de votre site dans les résultats de recherche.
- *Des techniques de CRO pour améliorer les taux de conversion de votre site.*

Concentrez vous sur le développement d'une stratégie, toujours plus omnicanal.

L'une des technologies les plus récentes qui a un impact significatif sur la vente moderne est la technologie RFID (Radio-Frequency Identification).

Cette technologie permet aux entreprises de suivre leurs produits en utilisant des étiquettes RFID, qui peuvent être lues à distance pour suivre l'emplacement, la quantité et d'autres informations sur les produits.

Cela permet aux entreprises de suivre efficacement leurs inventaires et de faciliter les transactions.

Par exemple, les supermarchés utilisent des étiquettes RFID pour suivre les produits dans leurs magasins, ce qui leur permet de savoir exactement combien de chaque produit ils ont en stock et où il se trouve.

Cela permet aux employés de remplir les rayons plus rapidement et de réduire les pénuries de produits.

Les entreprises de logistique utilisent également la technologie RFID pour suivre les envois et les colis, ce qui permet de suivre efficacement les livraisons et de réduire les erreurs.

CHAPITRE X - BRILLER SOUS LES PROJECTEURS :

COMMENT LA VISIBILITÉ PEUT BOOSTER VOTRE TRAFIC ET VOS VENTES

Ce chapitre explore le pouvoir de la visibilité et du trafic pour booster les ventes de votre entreprise.

Visualisez ceci : votre entreprise est un bateau à la dérive, flottant sans but dans un océan rempli de concurrents.

Mais alors que vous vous démenez pour trouver une direction, une opportunité surgit. Vous entendez parler de la puissance de la visibilité en ligne.

Vous commencez à explorer les différentes stratégies pour améliorer votre visibilité en ligne.

Vous apprenez comment utiliser les réseaux sociaux, le référencement naturel et la publicité en ligne pour attirer l'attention des consommateurs.

Et tout à coup, c'est comme si un phare s'allumait, dirigeant les gens vers votre entreprise.

Le trafic de votre site web commence à augmenter de manière exponentielle.

Les gens visitent votre site, découvrent votre produit et, ce qui est encore plus excitant, ils commencent à effectuer des achats.

Vous vous rendez compte que la visibilité en ligne a un impact sur les ventes réelles de votre entreprise.

Mais ce n'est pas tout. Votre entreprise devient également plus visible dans votre marché. Vous gagnez en notoriété et en crédibilité, ce qui attire encore plus de clients potentiels.

La visibilité en ligne devient un véritable boule de neige, propulsant votre entreprise vers le succès.

Le Chapitre 10 de "Smart Business: Savoir vendre" vous montre comment utiliser la visibilité pour booster votre trafic et vos ventes.

Vous découvrirez comment créer une stratégie de visibilité en ligne efficace, comment maximiser l'impact de votre présence en ligne et comment atteindre de nouveaux clients potentiels.

Ne manquez pas cette opportunité de faire briller votre entreprise sous les projecteurs !

La pertinence de la visibilité se manifeste clairement à travers l'histoire d'Andrew Tate, un entrepreneur qui a réussi à bâtir une fortune considérable, malgré les critiques et les polémiques qui ont accompagné son parcours.

Malgré les opinions négatives de certaines personnes à son sujet, Andrew Tate savait que plus il était visible, plus il pouvait défendre ses opinions et promouvoir ses produits.

Il avait une manière astucieuse d'exploiter les polémiques afin de maintenir sa notoriété, générant ainsi une attention constante envers sa personne et sa société.

Les gens qui ne l'aimaient pas continuaient de discuter de lui, ce qui renforçait sa visibilité encore plus.

Cette visibilité démesurée se traduisait par une augmentation du trafic sur son site web, une croissance de sa base de fans et, finalement, une augmentation de ses ventes.

Bien que beaucoup ne l'aiment pas, ils ne peuvent pas nier que sa présence en ligne a eu un impact considérable sur le succès de son entreprise.

Cet exemple montre à quel point la visibilité peut être puissante, même pour ceux qui sont largement critiqués.

La visibilité peut être utilisée pour surmonter les obstacles et atteindre le succès, peu importe la réputation de l'entrepreneur.

Néanmoins, il convient de souligner que cet exemple ne doit en aucun cas être perçu comme une incitation à adopter des comportements controversés ou négatifs.

Il illustre plutôt l'impact crucial de la visibilité sur la réussite d'une entreprise et de ses activités commerciales, ainsi que la manière dont celle-ci peut être mise à profit pour obtenir des résultats tangibles.

D'ailleurs ce fameux Andrew est actuellement en prison (de ce que j'ai compris) et ça ce n'est pas Smart.

Les entrepreneurs peuvent utiliser la visibilité pour promouvoir leurs produits, partager leur expertise, construire leur réputation et développer leur base de fans et de clients fidèles.

Toutefois, les moyens utilisés pour accroître la visibilité peuvent avoir un impact sur la réputation de l'entrepreneur et il est donc sérieux de peser les avantages et les risques potentiels avant d'utiliser de tels leviers.

L'inbound marketing est une stratégie de marketing centrée sur l'attraction et la conversion de prospects en clients en créant et partageant du contenu intéressant et utile qui attire et engage les personnes à la recherche de solutions à leurs besoins.

Cela comprend des activités telles que le blogging, les réseaux sociaux, les e-mails marketing, les landing pages, les formulaires de conversion et l'optimisation pour les moteurs de recherche.

L'objectif de l'inbound marketing est de construire une relation à long terme avec les prospects en leur fournissant des informations précieuses, tout en éduquant les prospects sur vos produits ou services.

Voici plusieurs stratégies clés, ces stratégies peuvent être utilisées séparément ou combinées pour créer une stratégie de marketing en ligne efficace et obtenir une forte visibilité pour votre entreprise.

- *Marketing par la publicité :* Utilisez les pour atteindre votre public cible et augmenter votre visibilité.

- *Le Marketing de recommandation* permet d'encourager les clients satisfaits à recommander votre entreprise à leur entourage pour renforcer votre visibilité et votre réputation.

- *Marketing d'affiliation :* Le marketing d'affiliation peut vous aider à générer plus de trafic vers votre site web en utilisant des partenaires pour promouvoir vos produits ou services.

- *Les QR Codes :* Les QR Codes peuvent vous aider à augmenter votre visibilité en permettant aux clients de scanner un code pour accéder à des offres exclusives ou à des informations sur votre produit ou service.

- Les contenus générés par les utilisateurs (UGC) : Les UGC peuvent vous aider à augmenter votre visibilité en utilisant les publications et les commentaires des clients pour promouvoir votre produit ou service.

- *Les contenus éphémères* en créant un sentiment d'urgence pour les clients de visualiser votre produit ou service avant qu'il ne disparaisse.

- *Les live streaming :* présenter des produits en détail, expliquer comment les utiliser et répondez aux questions des clients potentiels. Tout ça en engageant votre public en leur posant des questions, en leur offrant des conseils utiles et en les impliquant dans la conversation.

- *Les webinaires :* Les webinaires peuvent vous aider à augmenter votre visibilité en utilisant un format en direct pour promouvoir votre produit ou service.

- *Les influenceurs :* Les influenceurs peuvent vous aider à augmenter votre visibilité en utilisant leur plateforme pour promouvoir votre produit ou service.

- _Organiser des événements :_ Organiser des événements peut vous aider à augmenter votre visibilité en créant un lieu de rencontre pour les personnes intéressées par votre produit ou service.

- _Les vidéos :_ Les vidéos peuvent vous aider à augmenter votre visibilité en utilisant un format visuel pour promouvoir votre produit ou service.

- _Les podcasts :_ En créant votre propre podcast, vous pouvez vous positionner en tant qu'expert dans votre domaine et développer votre marque personnelle. Cela vous donnera également la possibilité de promouvoir vos produits ou services de manière subtile au cours de l'émission. N'hésitez pas à participer en tant qu'invité à des podcasts pertinents dans votre domaine pour vous faire connaître auprès d'une nouvelle audience et établir votre crédibilité . Vous pouvez ajouter des publicités de produits ou services pertinents pour votre cible dans votre propre podcast ou en acheter sur des podcasts existants. Pour remercier vos auditeurs, créez des offres spéciales pour les auditeurs en les encourageant à acheter vos produits ou services. Faites vivre votre business.

CHAPITRE XI - LES SECRETS DU COPYWRITING

L e pouvoir du copywriting est incroyable. Il peut vous aider à vendre n'importe quoi, du simple produit à la vision la plus grandiose.

Avez-vous déjà entendu parler de la fameuse campagne de Coca Cola en 1971?

Le slogan "Buvez Coca Cola" a connu un succès phénoménal, grâce à sa capacité à toucher les émotions des consommateurs.

Le copywriting a été utilisé pour créer un lien émotionnel entre la marque et ses clients, et cela a fonctionné à merveille.

C'est ce genre de pouvoir que nous allons explorer dans ce chapitre, en explorant les différentes techniques qui peuvent être utilisées pour créer un message attrayant et captivant pour votre public cible.

Supposons que nous suivions l'histoire de Angel, une jeune entrepreneuse passionnée par les relations humaines et la psychologie.

Elle a récemment lancé son propre cabinet de conseil en marketing, aidant les petites entreprises à développer leur présence en ligne et à atteindre leur public cible.

Un jour, Angel décide d'organiser un événement pour célébrer l'ouverture de son nouveau cabinet et invite ses amis, sa famille et ses clients potentiels à venir célébrer avec elle.

Elle sait qu'elle doit créer une invitation qui capture l'attention de ses destinataires et les incitent à venir, et elle décide d'utiliser ses compétences en copywriting pour le faire.

Elle rédige alors une invitation accrocheuse qui met en évidence les avantages de venir à l'événement, tels que la possibilité de se connecter avec d'autres professionnels du secteur, de découvrir les dernières tendances en marketing et de célébrer les réalisations de son entreprise.

Elle utilise des mots choisis avec soin pour susciter l'excitation et l'intérêt, et elle s'assure que son invitation soit visuellement attirante pour les yeux.

Lorsque les invités reçoivent l'invitation d'Angel, ils sont immédiatement captivés par le message clair et convaincant.

Ils sentent que c'est une occasion unique de se connecter avec des personnes de leur secteur et de découvrir de nouvelles opportunités. Bien sûr, ils ne veulent pas manquer la célébration d'une entreprise en pleine croissance.

Le jour de l'événement, Angel est ravie de voir une salle remplie de personnes enthousiastes, prêtes à célébrer avec elle. Elle sait que son utilisation du copywriting a été la clé du succès de son invitation et elle est fière de voir ses efforts récompensés.

Cette histoire montre l'impact puissant du copywriting sur la capacité d'une entreprise à atteindre ses objectifs marketing.

Grâce à l'application de techniques spécifiques visant à captiver l'attention et à persuader les clients, Angel a brillamment orchestré un événement fructueux, consolidant ainsi sa position sur le marché.

Qu'est-ce qu'Angel a t-elle bien pu écrire ?

Juste ceci :
"Chers amis d'affaires,

Je vous écris aujourd'hui pour vous inviter à découvrir une opportunité incroyable qui pourrait changer la façon dont vous faites des affaires pour toujours.

Je suis Angel, fondatrice d'une agence de marketing innovant et j'ai découvert un moyen de faire passer les messages de mes clients avec puissance et impact. Mon équipe et moi avons mis au point une technique de copywriting surpuissante et instinctive qui convainc vraiment les prospects.

Et maintenant, je veux vous offrir la chance de découvrir ce secret pour vous-même. Vous verrez comment notre technique peut vous aider à atteindre vos objectifs commerciaux et comment vous pouvez l'utiliser pour transformer votre entreprise.

Je vous invite donc à vous joindre à moi pour un déjeuner d'affaires le jeudi 15 février à 12h00 au restaurant La Belle Équipe. Nous discuterons de la puissance du copywriting et de la façon dont vous pouvez l'utiliser pour faire passer votre message avec impact.

Je suis convaincue que vous serez étonné par les résultats que vous pourrez obtenir en utilisant cette technique. Je suis impatiente de vous rencontrer et de discuter de la façon dont je peux vous aider à atteindre vos objectifs commerciaux.

Sincèrement, Angel "

Le texte utilise différentes techniques de copywriting pour susciter l'intérêt et la curiosité des destinataires.

Tout d'abord, le titre de la lettre "Chers amis d'affaires" crée un sentiment de familiarité et de camaraderie. Ensuite, l'utilisation de mots tels que "opportunité incroyable" et "secret" suscite la curiosité et l'envie d'en savoir plus.

On le comprend bien, le texte présente une promesse claire, à savoir que la technique de copywriting peut aider les destinataires à atteindre leurs objectifs commerciaux.

Cela fournit une motivation supplémentaire pour les inviter à se joindre au déjeuner d'affaires.

Enfin, la signature personnelle d'Angel, "Sincèrement, Angel", ajoute une touche personnelle et renforce la confiance en elle et en son entreprise.

Le texte utilise habilement des techniques de copywriting pour susciter l'intérêt et la motivation des destinataires à venir au déjeuner d'affaires.

Avez-vous déjà remarqué comment certaines personnes parviennent à convaincre sans même connaître le copywriting?

C'est parce qu'ils ont compris l'essentiel: pour captiver le lecteur, il faut parler de LUI! Le copywriting, c'est simplement ça: savoir écrire de manière persuasive.

Le copywriting n'est pas réservé à une catégorie de personne, il suffit d'être simple et concis pour avoir un impact sur les lecteurs.

Une qualité importante pour un bon copywriting est d'être authentique et de connecter avec le public cible en utilisant un ton de voix approprié et en mettant en avant les bénéfices pour eux.

Revenons, après le déjeuner d'affaires réussi, Angel décida d'envoyer un autre texte à ses invités pour les remercier de leur participation et pour les convaincre à nouveau d'utiliser ses services. Cette fois, elle savait que les gens allaient être plus réceptifs aux messages qui les touchent émotionnellement.

C'est pourquoi elle décida de construire son message autour d'un story telling qui mettait en avant la transformation positive que sa technique de copywriting avait apportée à une entreprise.

Elle décrivait comment, grâce à la puissance de ses mots, cette entreprise avait réussi à faire passer son message avec impact, à attirer plus de clients et à améliorer ses ventes.

"Bonjour à tous les amis d'affaires que j'ai eu le plaisir de rencontrer lors du déjeuner d'affaires 🍴

Je suis tellement ravie de vous dire que nous avons reçu beaucoup de commentaires positifs sur la puissance du copywriting que nous avons partagée avec vous.

J'aimerais vous rappeler l'importance de transmettre vos messages de manière claire et concise pour obtenir des résultats commerciaux exceptionnels. Et je suis là pour vous aider à y parvenir !

Prenez l'exemple de John, l'un de nos clients récents. Après avoir mis en œuvre nos techniques de copywriting, son entreprise a connu une croissance de 30% en seulement 3 mois ! ☑

Je suis sûre que vous aussi, vous pourriez obtenir des résultats similaires en utilisant notre méthode de copywriting surpuissante et instinctive.

Alors, ne manquez pas l'occasion de vous démarquer et d'atteindre vos objectifs commerciaux ! Contactez-moi dès aujourd'hui pour en savoir plus sur nos services.

Sincèrement,
Angel "

Le message contient un certain nombre d'éléments qui le rendent efficace pour convaincre les destinataires d'utiliser les services d'Angel et de son agence de marketing.

Tout d'abord, il utilise le copywriting pour transmettre un message puissant et impactant, en utilisant une approche simple et efficace.

De plus, l'histoire qui est racontée dans le message est captivante et permet de susciter l'intérêt des destinataires pour les services proposés.

Enfin, l'utilisation d'émojis peut ajouter une touche personnelle et amicale au message, ce qui peut renforcer l'impact émotionnel du message et inciter les destinataires à agir.

Personnellement, je trouve ça sympa les émojis...

Voyez, l'art de bien écrire ne se limite pas seulement à la rédaction d'une invitation ou d'un email de suivi, il peut aussi être utilisé pour rédiger des descriptions de produits et des pages de vente qui sont persuasives et impactantes.

En pratiquant le copywriting, vous pouvez mettre en lumière les caractéristiques uniques de votre produit ou service et persuader les clients potentiels de sa valeur, ce qui peut s'avérer essentiel pour obtenir des ventes et atteindre vos objectifs commerciaux.

Exemple de description de produit persuasive :
"Découvrez notre nouveau téléphone portable ultra-puissant 🔥 doté de la dernière technologie en matière de processeur et de caméra.

Avec un design élégant et des fonctionnalités exceptionnelles, ce téléphone est le compagnon idéal pour votre vie quotidienne.

Ne manquez plus jamais un appel important, capturez chaque instant en photos époustouflantes et restez connecté avec vos proches grâce à sa batterie longue durée. Mettez votre vie sur la bonne voie avec notre téléphone portable ultra-puissant 💡"

Ou encore un exemple de page de vente persuasive :
Vous êtes-vous déjà senti épuisé en fin de journée à cause du manque de sommeil ? 💤

Avez-vous déjà essayé des centaines de solutions sans aucun résultat ?
Il est temps de découvrir le secret pour une nuit de sommeil réparatrice grâce à notre matelas à mémoire de forme de haute qualité.

Fabriqué avec des matériaux de premier choix, notre matelas vous offre un confort ultime et soutient parfaitement votre corps tout au long de la nuit.

Réveillez-vous chaque matin avec plus d'énergie et d'entrain, prêt à affronter la journée qui vous attend. 💪

N'attendez plus pour améliorer la qualité de votre sommeil et de votre vie.

Commandez dès maintenant votre matelas à mémoire de forme de haute qualité ✅

Pour écrire un texte persuasif avec des techniques de copywriting, suivez cette structure :

Introduction : Commencez par accrocher votre lecteur en suscitant son intérêt ou en créant une question ou une problématique qui les concerne.

Définir le besoin : Décrivez le besoin ou le problème que votre lecteur rencontre, montrez que vous comprenez leur situation et démontrez comment vous pouvez les aider.

Présentez votre solution : Présentez votre produit ou service en expliquant comment il peut aider votre lecteur à résoudre son problème. Mettez en valeur les avantages et les bénéfices pour le lecteur.

Prouvez-le : Fournissez des preuves tangibles pour étayer votre argumentation. Utilisez des témoignages, des statistiques, des études de cas, etc.

Storytelling : Incorporé une histoire ou une analogie pour rendre votre message plus intéressant et mémorable pour le lecteur.

Appelez à l'action : Incitez le lecteur à prendre une action, qu'il s'agisse d'acheter un produit, de s'abonner à une newsletter, de contacter votre entreprise, etc.

Conclusion : Résumé les points clés et renforcez l'importance de prendre une action.

En ce qui concerne les titres et la ponctuation, assurez-vous que les titres sont percutants et captent l'attention du lecteur.

Autant que des sous-titres pour briser le texte en sections digestes.

En ce qui concerne la ponctuation, utilisez des signes de ponctuation pour souligner ou mettre en gras, certains mots ou les points importants pour donner du rythme à votre texte.

Supposons qu'une personne fictive nommée Marie veuille vendre un livre sur le bien-être en envoyant un e-mail à ses prospects.

Malheureusement, l'e-mail qu'elle a rédigé n'a pas atteint le niveau de persuasion souhaité, principalement en raison de l'absence de mise en pratique des principes essentiels du copywriting.

Voici l'émail :
Objet : Offre exclusive pour vous !

Avez-vous déjà ressenti le poids du stress s'abattre sur vous ? Nous comprenons ce que vous ressentez et c'est pour cela que nous sommes là pour vous aider. Nous avons les outils et les connaissances pour vous aider à retrouver votre sérénité et à gérer votre stress de manière efficace.

Je suis Marie, une spécialiste du développement personnel et je voulais vous parler d'une offre incroyable que j'ai pour vous aujourd'hui.
Je suis sûre que vous aimerez ce que j'ai à vous offrir.

Je vends mon livre qui est génial et vous allez adorer l'utiliser. Il vous sera très utile pour vous aider à améliorer votre quotidien.

Vous n'aurez plus à vous inquiéter pour rien, car ce livre est là pour vous.
Alors ne tardez plus et achetez dès maintenant ! Je suis sûre que vous ne le regrettez pas. Lien d'achat du livre

Aussi, n'hésitez pas à me contacter pour en savoir plus sur mes solutions et comment je peux vous aider à retrouver un quotidien plus heureux.

Bien cordialement,
Marie

Lorsque Marie envoya son e-mail, elle constata que seulement quelques personnes y répondirent et encore moins achetèrent son livre.

Elle se rendit compte qu'elle avait raté une occasion importante de vendre son livre en raison de ses erreurs en matière de copywriting.

D'abord, l'objet de l'e-mail est peu engageant et ne suscite pas l'intérêt du lecteur. Le début de l'e-mail manque de clarté et ne parle pas suffisamment du lecteur.

Au lieu de simplement dire que l'on comprend le stress, il serait préférable de se concentrer sur les besoins et les désirs du lecteur.

L'utilisation de l'expression "Je suis sûre que vous aimerez ce que j'ai à vous offrir" peut être perçue comme arrogant et peu professionnelle.

Il est préférable de laisser le lecteur se faire sa propre opinion.

Aussi la description du livre est très générale et manque de détails concrets sur les avantages que le lecteur peut en tirer.

Pour finir, la conclusion de l'e-mail est peu convaincante et ne donne pas suffisamment d'incitations pour acheter le livre.

Il est essentiel de conclure avec une offre spéciale ou un appel à l'action qui pousse le lecteur à agir.

Vous l'avez vu, le copywriting n'est pas seulement une question de mots, c'est une question de stratégie, de persuasion et de connaissance de son public.

Et grâce à ces astuces, vous pouvez désormais transformer vos écrits en armes de persuasion puissantes. Alors ne perdez plus de temps, mettez en pratique ces techniques et voyez vos résultats décoller ! 🚀 ☑

CHAPITRE XII - CRÉER UNE LONGUEUR D'AVANCE : COMMENT DÉVELOPPER SON AVANTAGE CONCURRENTIEL POUR RÉUSSIR EN VENTE

Un avantage concurrentiel est une caractéristique ou un facteur qui permet à une entreprise ou à un produit de se démarquer de ses concurrents et de proposer une valeur ajoutée à ses clients.

Cela peut être un produit unique, un service supplémentaire, des prix plus compétitifs, une meilleure qualité, une plus grande rapidité de livraison, une plus grande disponibilité, etc.

Dans ce chapitre, nous allons explorer les différents types d'avantages concurrentiels et comment les utiliser pour créer une longueur d'avance sur vos concurrents et réussir en vente.

Nous allons découvrir comment identifier vos forces uniques et les mettre en valeur, comment surveiller votre marché pour rester compétitif et comment développer une stratégie de vente axée sur la création d'avantages concurrentiels durables.

L'avantage compétitif à la source... C'est à l'origine, *trois éléments cruciaux.*

La stratégie de prix :

En proposant des tarifs inférieurs à ceux du marché en minimisant les marges, en économisant à l'échelle ou en réduisant les coûts, soit proposer du luxe ou du haut de gamme avec un prix volontairement élevé.

La stratégie de niche :

En ciblant un segment bien précis du marché avec une offre spécifique pour répondre à des besoins spécifiques. Ici, c'est l'expertise particulière de l'entreprise qui sera mise en avant, souvent accompagnée de brevets d'innovation pour protéger un produit.

La stratégie de différenciation :

En proposant une offre qui a plus de valeur pour le consommateur, via le marketing, un savoir-faire spécifique, des caractéristiques produits, etc.

Au fil du temps, l'avantage compétitif s'est affiné et s'est développé, offrant un panel beaucoup plus grand que nous allons détailler maintenant !

Au fil du temps, l'avantage compétitif s'est affiné et s'est développé, offrant un panel beaucoup plus grand que nous allons détailler maintenant !

<u>Les 3 types d'avantages concurrentiels modernes :</u>

1) Le marketing,
2) l'offre, notamment la qualité du produit ou service,
3) la structure : service client, équipe, politique des ressources humaines, etc.

<u>L'avantage issu du marketing :</u>
Une communication efficace de la marque, qui nécessite une compréhension approfondie du marché et des consommateurs cibles. Une segmentation précise du marché, qui permet de mieux cibler les clients potentiels et d'adapter les stratégies de marketing en conséquence. Une tarification compétitive, qui demande une analyse rigoureuse de la concurrence et des coûts de production. Une publicité percutante et une promotion créative, qui nécessitent une bonne compréhension des médias et des canaux de communication.

L'avantage géographique :

Être présent là où la concurrence ne l'est pas, que ce soit sur des marchés physiques ou virtuels.

Un puissant réseau de partenaires et de prescripteurs pour une offre globale complète. Un positionnement différenciant, qui permet de se démarquer de la concurrence grâce à une image, un merchandising, un packaging, une communication, etc. qui apporte une plus-value à vos consommateurs.

L'avantage issu de votre offre :

La qualité, difficile à obtenir et à maintenir, mais qui peut faire la différence avec les consommateurs. Le meilleur rapport qualité-prix, qui demande une gestion rigoureuse et un équilibre toujours maintenu.

Des innovations uniques sur le marché, pour satisfaire une demande spécifique.

L'avantage issu de votre structure :

Un excellent service client, qui nécessite une organisation fluide et optimisée. Des équipes qualifiées avec un bon management, qui peut faire une différence significative avec une bonne politique RH. Des processus de production, d'approvisionnement et de logistique apportant une plus-value significative.

Zara, filiale de la compagnie espagnole Inditex, est un des leaders mondiaux de la mode rapide.

Son modèle de chaîne de valeur unique, qui lui permet de concevoir, produire et livrer rapidement de nouveaux produits à ses magasins lui permet d'être une marque de vêtements qui a révolutionné l'industrie de la mode en proposant des collections répondant rapidement aux tendances du marché.

Leur processus de production et de distribution est conçu de manière à permettre une flexibilité maximale et une capacité de réponse rapide aux tendances et aux demandes changeantes.

Cela leur permet de proposer régulièrement de nouveaux produits et de s'adapter aux tendances du marché plus rapidement que leurs concurrents, créant ainsi un avantage concurrentiel sur le marché.

Enfin, Zara se concentre sur l'expérience client en créant des magasins accueillants et modernes, qui attirent les consommateurs.

Les magasins de Zara sont conçus pour être attractifs et confortables, avec un aménagement soigné et une atmosphère agréable.

La marque investit également dans des technologies modernes pour améliorer l'expérience d'achat de ses clients, comme les essais en cabine et les systèmes de paiement rapides.

En résumé, l'avantage concurrentiel de Zara repose sur son modèle de chaîne de valeur unique, sa logistique efficace, et sa stratégie axée sur l'expérience client.

Cette combinaison lui permet de concevoir, produire et livrer rapidement de nouveaux produits à ses magasins, ce qui lui donne un avantage sur ses concurrents.

Pour déterminer son avantage concurrentiel, il est important de comprendre les différents facteurs qui peuvent influencer la compétitivité d'une entreprise.

Il convient d'examiner les aspects suivants : la qualité de son produit ou service, la stratégie marketing, la structure de l'entreprise (y compris les processus, les équipes et les ressources humaines), la position sur le marché et les attentes et les besoins des consommateurs.

Pour vous aider utilisez la chaîne de valeur de Michael Porter, un modèle utilisé pour comprendre les activités clés qui créent de la valeur pour une entreprise.

Il se concentre sur les activités internes à une organisation qui peuvent être optimisées pour accroître la performance financière.

Selon Porter, la chaîne de valeur peut être divisée en neuf activités clés :

Développement de produits :
Conception, recherche et développement, tests et amélioration continue.

Approvisionnement :
Acquisition des matières premières et autres ressources nécessaires pour la production.

Production :
Transformation des matières premières en produits finis.

Distribution :
Transport des produits finis jusqu'au point de vente ou au client final.

Marketing et ventes :
Promotion des produits, recherche de clients potentiels et négociation des contrats.

Services :
Toutes les activités liées à l'assistance post-vente, telles que la maintenance et les réparations.

Technologies de l'information :
Utilisation de la technologie pour améliorer les activités internes et la communication avec les clients.

Gestion des ressources humaines :
Acquisition et formation du personnel, gestion des relations de travail et des politiques de compensation.

Infrastructures :
Activités telles que la planification, la construction et la gestion des bâtiments et des installations.
L'objectif de l'analyse de la chaîne de valeur est de déterminer les activités clés où l'entreprise peut se concentrer pour créer de la valeur et de la différenciation par rapport à ses concurrents.

En optimisant ces activités, l'entreprise peut réduire ses coûts et améliorer sa performance financière.

Prenons l'exemple fictif d'une entreprise de téléphonie mobile, appelée "MobileTech". Pour utiliser la chaîne de valeur de Porter pour déterminer son avantage concurrentiel, MobileTech peut d'abord analyser les activités clés de son secteur et les identifier comme étant la recherche et développement, la production, la distribution et le service client.

Ensuite, ils peuvent évaluer la manière dont ils effectuent chacune de ces activités par rapport à leurs concurrents, en se concentrant sur les aspects tels que la qualité, les coûts et la rapidité.

MobileTech, en accordant une attention soutenue à la recherche et au développement, peut évaluer si elle dispose d'une expertise technique plus avancée ou si elle investit davantage dans la R&D par rapport à ses concurrents.

Cette approche lui permet de favoriser le développement plus rapide et plus efficace de nouveaux produits et services novateurs.

Pour ce qui est du service client, MobileTech possède la capacité de déployer une équipe dédiée, hautement compétente et parfaitement formée, surpassant ainsi ses concurrents. Cette équipe est en mesure de résoudre rapidement les problèmes et de garantir une expérience client exceptionnelle.

En ce qui concerne la distribution, MobileTech peut déterminer s'ils ont une présence physique plus large dans les magasins, ou s'ils utilisent des moyens de distribution plus avancés, tels que la vente en ligne, pour offrir un accès plus facile à leurs produits.

À présent parlons de la méthode VRIO, un moyen pour les entreprises de déterminer leur avantage concurrentiel en évaluant la valeur, la rareté, l'inimitabilité et leur organisation.

VRIO est un outil d'analyse qui aide les entreprises à déterminer leur avantage concurrentiel. Il se base sur les initiales en anglais des mots "Value", "Rarity", "Imitability" et "Organization".

En d'autres termes, VRIO analyse la valeur que génère une ressource ou une capacité, sa rareté par rapport à celle de la concurrence, la facilité ou la difficulté à la copier et la qualité de l'organisation de l'entreprise en place pour exploiter cette ressource ou capacité.
Si une ressource ou une capacité répond à toutes ces critères, il est probable que l'entreprise puisse bénéficier d'un avantage concurrentiel durable.

Sinon, il peut être nécessaire de renforcer cette ressource ou capacité ou de la remplacer par une autre qui soit plus en adéquation avec les critères VRIO.

Grâce à l'outil VRIO, les entreprises peuvent mieux comprendre leurs forces et leurs faiblesses par rapport à la concurrence et ainsi mieux déterminer les actions à entreprendre pour renforcer leur avantage concurrentiel.

Maintenant, il faut garder votre avantage concurrentiel.

C'est l'un des défis les plus importants auxquels peuvent être confrontées les entreprises.

Pour le faire évoluer et le renforcer, il est essentiel de suivre les étapes suivantes :

1. *Renforcer votre avantage.*

   Ne vous reposez jamais sur vos lauriers, il est crucial d'investir continuellement dans votre avantage concurrentiel pour le faire évoluer et pour maintenir votre longueur d'avance sur le marché.

2. *Le faire reconnaître par les consommateurs.*

   Votre avantage concurrentiel n'en est réellement un que lorsque les consommateurs le reconnaissent et le plébiscitent. Il est donc essentiel de renforcer votre avantage en articulant votre stratégie de communication autour de celui-ci, en associant parfaitement les besoins de la demande avec votre avantage compétitif.

3. *Offrir une image cohérente avec votre offre.*

Si votre entreprise propose plusieurs produits ou services, il est important que votre image et votre offre soient cohérentes. Votre avantage concurrentiel doit être présent dans l'intégralité de votre offre et se refléter dans l'ensemble de celle-ci.

Il peut être nécessaire de réadapter certains produits et services et de revoir votre organisation pour y parvenir.

Si votre avantage peut également être développé sur l'ensemble de votre organisation, n'hésitez pas à l'adapter à toutes les fonctions support.

Je tiens à vous faire part de l'exemple N26, une banque en ligne qui a compris l'importance de la segmentation pour développer son avantage concurrentiel.

Au lieu de cibler un marché de masse, N26 a choisi de se concentrer sur une niche bien définie de consommateurs modernes et tech-savvy, en proposant une banque mobile axée sur la technologie et la commodité.

La stratégie de segmentation de N26 comporte plusieurs éléments clés, tels que la simplification des processus bancaires traditionnels, la fourniture d'une plateforme facile à utiliser accessible depuis n'importe quel appareil et la proposition de différents comptes pour répondre aux besoins spécifiques des clients, tels que les voyageurs fréquents ou les étudiants.

En se concentrant sur une niche bien définie, N26 peut se concentrer sur les besoins uniques de ce groupe et offrir une expérience personnalisée.

Cette stratégie permet également à l'entreprise de se différencier de ses concurrents traditionnels en proposant des fonctionnalités innovantes et en créant une image de marque forte auprès de sa cible.

En se concentrant sur des segments de marché spécifiques, N26 a réussi à attirer une clientèle fidèle et en croissance constante, renforçant ainsi son avantage concurrentiel sur le marché de la banque en ligne.

Voilà, comment la segmentation de N26 a permis de développer un avantage concurrentiel en ciblant une niche bien définie, en simplifiant les processus bancaires, en proposant une plateforme conviviale et en offrant une expérience personnalisée pour les consommateurs modernes et tech-savvy.

Lorsque vous êtes dans le marché pour vendre un produit ou un service, il est important de se démarquer de la concurrence.

Pour ce faire, les techniques pour créer un avantage concurrentiel peuvent être utilisées pour construire une stratégie de vente solide.

Cela peut s'adapter à vous et à votre argumentaire de vente pour vendre votre produit ou service.

Concentrez vous sur ce qui différencie votre offre de celle de vos concurrents, que ce soit en termes de qualité, de prix, de service ou d'un autre aspect clé.

En utilisant ces différenciateurs pour positionner votre produit ou service, vous pouvez augmenter votre attractivité pour les clients potentiels.

Par exemple, imaginons que vous vendiez des fruits et légumes frais. Au lieu de simplement vendre des produits frais, vous pourriez vous différencier en offrant une livraison à domicile rapide et fiable, ou en proposant des produits biologiques certifiés. En utilisant ces différenciateurs pour faire la promotion de votre produit, vous pouvez augmenter vos chances de vente.

Une étude récente a montré que les entreprises qui se concentrent sur leur avantage concurrentiel ont en moyenne **30% de taux de croissance plus élevé** que celles qui ne le font pas. Il est donc clair que la création d'un avantage concurrentiel peut être un élément clé pour le succès de votre entreprise ou de vos ventes, qu'elle soit petite ou grande.

<u>CHAPITRE XIII - CRÉEZ UN AVENIR PROSPÈRE :</u>

COMMENT LA RENTABILITÉ ET LES MARGES PEUVENT GARANTIR LA PÉRENNITÉ DE VOTRE ENTREPRISE

Pensez à votre dernier rendez-vous avec votre banquier. Il vous a sans doute conseillé un produit qui rapporte la plus grande marge à la banque, sans se soucier de vos besoins ou de votre budget.

Cela peut sembler égoïste, mais c'est la réalité du monde des affaires. Les marges sont cruciales pour la survie et la croissance d'une entreprise.

Les banquiers connaissent bien l'importance des marges, car c'est la marge qui génère les bénéfices.

Plus les marges sont élevées, plus les bénéfices sont importants et plus il y a de moyens de réinvestir dans l'entreprise pour continuer à se développer.

C'est pourquoi il est crucial pour les entreprises de faire attention à leurs marges et de les maximiser autant que possible.

Bien sûr, augmenter les marges n'est pas toujours facile. Il peut y avoir des coûts supplémentaires, des négociations difficiles avec les fournisseurs ou des ajustements de produits ou de services.

Mais à la fin de la journée, l'effort en vaut la peine pour assurer la pérennité de l'entreprise et garantir un avenir prospère.

Nous allons explorer l'importance de la rentabilité et des marges pour la pérennité de votre entreprise.

Nous savons tous que les marges peuvent faire la différence entre une entreprise prospère et une entreprise en difficulté.

Les statistiques le prouvent : selon une étude de la Harvard Business Review, les entreprises avec des marges plus élevées ont un taux de survie supérieur à 75% sur une période de 10 ans, contre seulement 33% pour les entreprises avec des marges inférieures.

Total, la multinationale française de pétrole et de gaz a constamment su maintenir une marge élevée sur ses produits, ce qui lui a permis de dégager des bénéfices importants et de les réinvestir dans de nouveaux projets et initiatives.

Cette stratégie a permis à Total de se développer sans être soumis à la pression financière qui peut souvent affecter les entreprises en démarrage.

De plus, cela lui a permis de rester compétitif dans un marché en constante évolution en offrant à ses clients des produits de haute qualité à des prix compétitifs.

Les marges élevées de Total ont également permis à l'entreprise de faire face à des défis économiques et de maintenir sa solidité financière.

En fait, une étude récente montre que les entreprises ayant des marges plus élevées sont plus susceptibles d'être rentables et de faire face à des situations difficiles avec succès.

Les marges élevées permettent également d'absorber les fluctuations du marché et de maintenir la stabilité financière de l'entreprise.

Ce sont des indicateurs clés de la santé financière d'une entreprise, et en les maintenant à des niveaux élevés, les entreprises peuvent garantir leur succès à long terme et éviter les pressions liées au manque d'argent pour poursuivre leur croissance.

Pour calculer les marges et la rentabilité, plusieurs méthodes existent.

> *Calcul des marges brutes :* il suffit de diviser le bénéfice brut par le chiffre d'affaires. Cette méthode permet de savoir combien de chaque euro du chiffre d'affaires est consacré au bénéfice brut.

> *Calcul des marges nettes :* il faut diviser le bénéfice net par le chiffre d'affaires. Cette méthode permet de savoir combien d'euros restent en bénéfice net pour chaque euro de chiffre d'affaires.

> *Calcul de la rentabilité :* il faut diviser le bénéfice net par le capital investi. Cette méthode permet de savoir combien d'euros de bénéfice l'entreprise gagne pour chaque euro investi.

ROI signifie Retour sur Investissement et est un indicateur clé de la performance financière d'une entreprise.

Il mesure la rentabilité d'un investissement en comparant le montant d'argent gagné avec celui investi.

Cette métrique est souvent utilisée pour évaluer la performance d'un projet ou d'une stratégie d'investissement sur une période déterminée.

Pour le calculer, vous devez diviser le bénéfice net par le coût total de l'investissement, puis le multiplier par 100 pour obtenir un pourcentage.

Un ROI positif signifie que l'investissement est rentable, tandis qu'un ROI négatif signifie que l'investissement est perdant.

À présent, je vais vous raconter l'histoire d'un vendeur nommé Jean. Au départ, Jean vendait ses produits à un prix bas pour se démarquer de ses concurrents.

Cependant, il se rendit compte que même s'il vendait beaucoup de produits, il n'arrivait pas à faire de bénéfices conséquents.

Jean était constamment stressé car il manquait toujours d'argent pour payer ses factures et réinvestir dans son entreprise.

Un jour, Jean a décidé de se familiariser avec les concepts de rentabilité et de marge.

Il a commencé à comprendre l'importance de faire des marges plus élevées pour augmenter ses bénéfices.

Il a commencé à revoir ses coûts et à trouver des moyens de les réduire sans sacrifier la qualité de ses produits. Il a également commencé à revoir le prix de ses produits en prenant en compte les coûts réels pour produire ses produits.

Avec ces nouvelles connaissances en main, Jean a pu augmenter ses marges de manière significative.

Il a maintenant la possibilité de réinvestir dans son entreprise et de développer de nouveaux produits.

Il peut également vendre sans stress (ce qui est un frein à toute vente) car il sait qu'il aura toujours suffisamment d'argent pour couvrir ses coûts.

Il convient de souligner que l'amélioration des marges et de la rentabilité peut s'avérer être un défi de taille.

Il peut y avoir des coûts cachés qui peuvent réduire les marges et il est important de surveiller régulièrement les marges pour s'assurer qu'elles restent élevées.

Il est crucial de ne pas compromettre la qualité des produits ou le contentement des clients dans le but de réaliser des profits plus importants.

Pensez à une entreprise qui a connu les défis de la gestion de marges et de la rentabilité, avec des ventes en berne et un manque de liquidités pour réinvestir dans son développement.

Maintenant, imaginez cette même entreprise qui a mis en place des techniques pour augmenter ses marges et sa rentabilité, et qui voit maintenant les bénéfices décoller.

Les prix de vente sont plus élevés, les coûts sont optimisés, et les opportunités de développement sont illimitées.

C'est ce qui peut vous arriver en mettant en pratique les techniques pour augmenter les marges et la rentabilité.

Il existe plusieurs moyens d'optimiser vos marges et votre rentabilité, allant de l'amélioration de l'efficacité opérationnelle à la diversification des produits ou services, en passant par la négociation avec les fournisseurs, l'optimisation de la gestion des stocks, l'exploration de nouveaux marchés, l'amélioration de la qualité de votre produit ou service, ou encore l'optimisation des prix.

Le choix des techniques dépend de la nature de votre entreprise et il est toujours judicieux de consulter un expert en stratégie pour obtenir des conseils personnalisés.

Mais attention, tout n'est pas toujours rose. En augmentant les marges et la rentabilité, vous pourriez rencontrer des défis supplémentaires, tels que la pression sur les prix, la concurrence accrue, ou la nécessité de maintenir la qualité de vos produits ou services.

Il est appréciable de peser les avantages et les inconvénients et de mettre en place des stratégies pour faire face aux défis qui peuvent survenir.

La mise en place des techniques pour augmenter les marges et la rentabilité peut être l'opportunité de transformer votre entreprise et de vous propulser vers un avenir prospère.

Alors, qu'attendez-vous pour saisir cette chance ?

CHAPITRE XIV - UTILISATION AVANCÉE DES SMARTS TUNNELS :

LES TECHNIQUES ÉPROUVÉES POUR MAXIMISER VOTRE CHIFFRE D'AFFAIRES

Imaginez une voie express qui dirige vos clients potentiels droit vers l'achat de votre produit ou service. C'est ce que fait un Tunnel de Vente Avancé ou ***"Smart Tunnel"*** comme j'aime les appeler.

Ce concept est basé sur l'idée de guider le client à travers un parcours de conversion optimal, en utilisant des techniques de marketing avancées telles que la segmentation des leads, le suivi des comportements des utilisateurs et la personnalisation du contenu pour répondre aux besoins uniques de chaque client.

Le résultat est un taux de conversion plus élevé, une augmentation de la valeur du panier moyen et une expérience d'achat plus fluide pour le client.

C'est pourquoi les entreprises les plus performantes adoptent cette approche pour maximiser leur potentiel de revenue.

SMARTS TUNNELS

En globalité, un Smart tunnel offre une solution clé en main pour transformer les visiteurs occasionnels en clients fidèles et réguliers, générant ainsi une croissance exponentielle pour votre entreprise.

Un tunnel de vente avancé ou Smart Tunnel de vente est une stratégie marketing en ligne qui utilise une série de pages web et de techniques de persuasion pour conduire les prospects d'un point à l'autre jusqu'à la vente d'un produit ou d'un service.

Le but d'un tunnel de vente est de maximiser la valeur de chaque visiteur en le convertissant en client.

Un exemple de tunnel de vente physique serait le processus de vente dans un magasin de détail. Un client entre dans le magasin, est accueilli par un représentant de vente, parcourt les rayons pour découvrir les produits, est invité à essayer certains produits, reçoit une démonstration et une proposition de vente, et, finalement, achète un produit ou quitte le magasin sans acheter.

Ce processus suit une séquence déterminée pour maximiser la valeur de chaque client.

Imaginez entrer dans un grand magasin IKEA. Vous êtes accueilli par une vaste sélection de produits de meubles et de décoration, ainsi que par un parcours bien conçu à travers les différents départements.

Chaque étape de votre visite a été soigneusement planifiée pour vous amener à découvrir des produits supplémentaires et pour vous inciter à acheter.

C'est là que réside l'essence d'un tunnel de vente physique.

Le tunnel de vente physique est un parcours que les clients peuvent suivre en personne pour se faire guider à travers les différentes étapes de la vente.

Il utilise une combinaison d'affichages de produits, de signalétique et de mises en scène pour inciter les clients à prendre des décisions d'achat.

En comparaison, un tunnel de vente digitale fonctionne de la même manière, mais en ligne. Au lieu de visiter un magasin physique, les clients naviguent sur un site Web pour parcourir les différentes étapes de leur achat. Les tunnels de vente virtuels utilisent également des éléments tels que des pages produits, des appels à l'action et des offres spéciales pour inciter les clients à acheter.

Le tunnel de vente virtuel offre également des avantages supplémentaires, tels que la possibilité de cibler les clients en fonction de leur comportement en ligne et d'offrir une expérience personnalisée en temps réel.

En fin de compte, les tunnels de vente physiques et digitaux ont tous les deux le même objectif : aider les entreprises à maximiser les conversions et les ventes.

Heineken, le célèbre brasseur hollandais, est un excellent exemple d'entreprise qui maîtrise l'art des tunnels de vente.

La société a compris l'importance de créer une expérience cohérente pour ses clients à chaque étape du parcours d'achat.

Le Smart tunnel de Heineken commence souvent par la mise en avant de ses différentes marques de bière lors d'événements tels que les festivals de musique ou les matchs de sport.

Lors de ces événements, les consommateurs peuvent goûter les différentes marques et découvrir celles qui les intéressent le plus.

Une fois que le consommateur a identifié une marque qui lui plaît, il peut la trouver facilement en ligne ou dans un magasin local.

Lorsqu'ils achètent en ligne, ils sont invités à entrer leur adresse pour recevoir leur commande directement à leur domicile.

Si le consommateur achète dans un magasin, il peut être invité à s'inscrire à la newsletter de la marque pour recevoir des offres exclusives et des mises à jour sur les nouvelles bières.

Ainsi, Heineken a créé un tunnel de vente fluide qui aide les consommateurs à trouver la bière qu'ils cherchent et les invite à devenir des clients fidèles en leur offrant des expériences supplémentaires.

Les tunnels de vente de Heineken sont un exemple clair de la façon dont une entreprise peut utiliser cette stratégie pour maximiser ses ventes et fidéliser sa clientèle.

Imaginons que vous soyez un petit vendeur, voulant promouvoir et vendre votre produit artisanal en ligne. Comment utiliseriez-vous un tunnel de vente pour maximiser vos ventes et améliorer votre processus de conversion ?

Pour un petit vendeur, votre tunnel de vente pourrait ressembler à ceci :

Aiguillage de trafic : Vous pouvez utiliser des annonces Facebook ou Google pour diriger les gens vers votre site Web.

Page de destination : Une fois sur votre site, les prospects seront accueillis par une page de destination qui présente brièvement votre produit et invite les gens à s'inscrire pour obtenir plus d'informations.

Formulaire d'inscription : Une fois que les gens sont prêts à en savoir plus, ils rempliront un formulaire d'inscription pour recevoir un guide gratuit sur le produit artisanal.

Courriel de confirmation : Après avoir rempli le formulaire, les prospects recevront un courriel de confirmation qui les remercie pour leur inscription et leur donne plus d'informations sur le produit.

Offre de vente : Dans le prochain courriel, vous pouvez offrir à vos prospects de recevoir un rabais sur le produit s'ils achètent maintenant.

Page de paiement : Si les prospects acceptent votre offre, ils seront redirigés vers une page de paiement pour finaliser leur achat.

Suivi post-vente : Une fois que l'achat est finalisé, vous pouvez envoyer des courriels de suivi pour vous assurer que les clients sont satisfaits de leur achat et les encourager à acheter à nouveau

Un commercial itinérant peut également utiliser un tunnel de vente pour atteindre ses objectifs de vente.

Au lieu d'utiliser un site web, il peut utiliser des techniques de marketing direct pour générer des leads qualifiés et les amener à un rendez-vous de vente.

Par exemple, il peut utiliser des techniques de prospection téléphonique pour identifier des prospects pertinents, les contacter et les inciter à participer à une démonstration de produit ou à une réunion de vente.

Un représentant commercial sur le terrain a la possibilité d'organiser des événements en direct tels que des ateliers ou des séminaires pour attirer des clients potentiels et les familiariser avec les produits ou services proposés.

Avec l'utilisation d'un tunnel de vente efficace, il peut augmenter ses chances de réussite en ciblant des prospects qualifiés et en les convertissant en clients fidèles.

Supposons que vous vendez des produits d'entretien pour piscines. Vous pouvez commencer par distribuer des dépliants avec des informations générales sur vos produits et vos services à vos prospects potentiels.

Ceux-ci peuvent inclure des coupons de réduction pour un appel de suivi ou une consultation gratuite.

Lorsque les prospects prennent contact avec vous pour obtenir plus d'informations, vous pouvez organiser un rendez-vous en face à face.

Au cours de cette réunion, vous pouvez présenter les avantages de vos produits et services en détail et vous concentrer sur les besoins uniques de chaque client.

Si le client montre un fort intérêt pour vos produits, vous pouvez offrir une démonstration en direct sur place.

Si le client est toujours intéressé, vous pouvez lui proposer un devis personnalisé en fonction de ses besoins.

Enfin, vous pouvez suivre le client après la vente pour vous assurer de sa satisfaction et pour établir un lien de fidélité.

Profitez-en pour continuer à envoyer des mails à ses clients pour essayer de leur vendre un produit similaire ou un service supplémentaire.

Ainsi, ce tunnel de vente efficace filtre les prospects les plus intéressés et les mène à travers une série d'étapes conçues pour maximiser les chances de vente réussie.

Il est très simple de rater un smart tunnel, il peut être décrit comme celui qui manque d'attention aux détails et aux besoins du client.

Il peut inclure des étapes inutiles et peu claires qui ne conduisent pas à une action de conversion, telles que des formulaires d'inscription complexes ou des offres peu attrayantes.

Par exemple, un tunnel de vente raté pour une entreprise de jouets pour enfants peut être celui qui néglige le fait que les parents sont les décideurs finaux pour l'achat.

Le tunnel pourrait commencer avec une vidéo publicitaire pour les enfants qui les excite pour le jouet, mais les emmène ensuite à un processus d'achat complexe avec des options de livraison difficiles à comprendre et des coûts cachés.

Au lieu d'encourager les parents à acheter le jouet, ce tunnel de vente peut les dissuader de poursuivre leur achat et les faire aller chercher le jouet ailleurs.

Pour conclure, les tunnels de vente peuvent être un outil puissant pour les entreprises et les vendeurs indépendants pour atteindre leurs objectifs de vente et améliorer leur processus d'acquisition de clients.

Il est crucial de concevoir un tunnel de vente efficace et personnalisé à votre public cible afin d'optimiser vos résultats.

CHAPITRE XV - LE SMART VENDEUR

Bienvenue dans ce chapitre crucial de Smart Business Savoir Vendre, où nous aborderons un sujet encore plus important et simple à comprendre.

Les chapitres précédents ont peut-être été complexes et techniques, mais nous sommes maintenant prêts à passer à la vitesse supérieure.

Maintenant que je vous considère comme fidèle lecteur, je souhaiterais souligner l'importance de noter que certaines de ces techniques peuvent être considérées comme éthiques et d'autres non éthiques, et qu'il est crucial de respecter les lois et les normes en vigueur pour les pratiques commerciales et d'utiliser leurs pouvoirs à bon escient.

Les banquiers utilisent souvent une variété de techniques pour vendre leurs produits financiers.

Certaines de ces techniques peuvent être considérées comme arrogantes et peuvent pousser un prospect à changer sa position, ce qui peut aider à la vente.

Il est essentiel de souligner que beaucoup de prospects manquent d'informations sur les produits financiers, ce qui peut les pousser à faire confiance aux banquiers et à accepter leurs propositions sans comprendre les conséquences potentielles.

L'une des techniques les plus courantes est la flatterie.

Les banquiers peuvent dire à leurs prospects qu'ils sont intelligents et qu'ils prennent des décisions financières judicieuses, ce qui peut les amener à se sentir sécurisés et à accepter les offres de produits financiers proposées.

De plus, les banquiers peuvent utiliser des termes techniques complexes pour impressionner leurs prospects et les inciter à accepter leurs propositions sans poser de questions.

D'autre part, certains banquiers peuvent utiliser la pression psychologique pour vendre leurs produits financiers.

Par exemple, ils peuvent faire croire à leurs prospects qu'ils manquent une occasion unique de gagner de l'argent, ou que leurs finances sont en danger s' ils n'acceptent pas la proposition.

De cette façon, ils peuvent convaincre les prospects de prendre une décision hâtive sans bien comprendre les conséquences de leur choix.

En fin de compte, il est important de se rappeler que les banquiers sont là pour vendre et générer des bénéfices pour leur entreprise.

C'est pourquoi il est important pour les prospects de s' informer et de comprendre les produits financiers avant de prendre une décision.

De cette façon, ils peuvent faire des choix financiers éclairés et éviter de tomber dans les pièges tendus par les banquiers.

Les banquiers sont souvent considérés comme des experts en matière de vente et de persuasion.

Ils utilisent souvent des techniques de manipulation pour influencer les prospects et les inciter à acheter leurs produits financiers.

Certaines de ces techniques peuvent être utilisées pour vendre d'autres produits, mais il est important de les utiliser avec prudence.

Pour cela chaque prospect passe par un ensemble d'étapes comme :

La reconnaissance des objections : reconnaître les objections que les prospects pourraient avoir à l'achat d'un produit financier et à y répondre de manière convaincante. Ils peuvent dire des phrases telles que "Je comprends que vous pourriez avoir des doutes à propos de cet investissement, mais permettez-moi de vous montrer comment cela peut être une solution solide pour votre avenir financier."

La restriction de l'information : en donnant uniquement une partie de l'information, les banquiers peuvent contrôler la perception que les prospects ont d'un produit financier et les inciter à acheter. Ils peuvent dire des phrases telles que "Je ne peux pas partager toutes les informations détaillées avec vous aujourd'hui, mais je peux vous garantir que cet investissement est un choix judicieux pour votre avenir financier."

Imaginons que vous soyez un vendeur de voitures de luxe. Vous pourriez utiliser la technique de restriction de l'information pour inciter les clients à agir rapidement en leur faisant comprendre que les modèles spécifiques qu'ils recherchent sont très populaires et que la demande est forte. Par exemple :

"Nous venons de recevoir une notification de notre usine concernant le modèle X que vous aimez. Ils nous préviennent que les stocks vont bientôt s'épuiser et que nous n'aurons peut-être plus l'occasion de vous offrir ce modèle en particulier dans un futur proche. Alors si vous êtes sérieux à propos de ce véhicule, je vous recommande de ne pas tarder."

En restreignant l'information disponible, cette méthode suscite chez le client un sentiment d'urgence et l'encourage à prendre une décision plus rapide. Cela peut être un moyen efficace pour stimuler l'action et la prise de décision.

Voici un autre exemple d'utilisation de la technique de restriction de l'information dans un autre domaine :

Imaginons que vous êtes un courtier immobilier et que vous voulez vendre une maison de rêve à un client potentiel. Vous pouvez utiliser la restriction de l'information en ne montrant au client que les photos les plus attrayantes et les informations les plus flatteuses sur la maison. Vous pourriez dire quelque chose comme : "Cette maison est incroyablement populaire et nous avons déjà reçu plusieurs offres. Je ne peux pas révéler combien de temps il reste avant qu'elle ne soit vendue, mais je peux vous dire que c'est une occasion en or pour vous d'obtenir la maison de vos rêves."

En limitant sévèrement l'information, vous pouvez créer un sentiment d'urgence chez votre client, l'incitant à agir rapidement afin de ne pas laisser passer l'occasion exceptionnelle d'acquérir la maison de ses rêves.

Voici un autre exemple dans le domaine de la construction de maisons:

Un constructeur de maisons peut utiliser la restriction de l'information pour vendre ses maisons en minimisant les informations sur les matériaux de construction utilisés. Au lieu de dire la vérité sur les matériaux bon marché qu'ils utilisent, ils peuvent utiliser des termes flous tels que "matériaux de haute qualité" pour décrire les matériaux, en laissant les acheteurs penser qu'ils reçoivent un produit de meilleure qualité or qu'ils ne le sont en réalité.

Ils peuvent également minimiser les informations sur les coûts réels en omettant certains coûts supplémentaires tels que les frais de transport ou les coûts liés à l'installation.

De cette façon, ils peuvent vendre leur produit à un prix plus élevé sans que les acheteurs ne réalisent le coût réel de ce qu'ils achètent.

Dans cette situation, des phrases telles que celles-ci s'appliqueront :

- *"Nous ne pouvons pas révéler le coût réel, mais je peux vous assurer que la qualité est incomparable."*

- *"Notre produit est conçu à partir de matières de première qualité, mais nous ne pouvons pas vous en dire plus pour le moment."*

- *"Nous sommes fiers de notre produit, mais nous gardons notre processus de fabrication secret pour nous démarquer de la concurrence."*

- *"Ce que je peux vous dire, c'est que notre produit a été conçu pour répondre aux besoins de nos clients les plus exigeants."*

- *"Notre produit vient de sources fiables, mais nous ne pouvons pas révéler plus d'informations pour garantir la confidentialité de nos partenaires."*

Vous pouvez aussi vous servir de l'influence sociale c'est un outil commun, que les banquiers utilisent ainsi ils peuvent suggérer que d'autres personnes dans le même groupe démographique ou avec des situations similaires ont déjà fait l'investissement et en sont satisfaits.

Ils peuvent également jouer sur les émotions du prospect, en mettant l'accent sur les avantages financiers futurs ou en créant un sentiment d'urgence pour agir maintenant.

Lorsque le prospect soulève des objections ou des incohérences, les banquiers peuvent les éliminer en fournissant des informations supplémentaires ou en faisant appel à leur expertise et à leur crédibilité.

Par exemple, un banquier pourrait dire : "Je comprends vos préoccupations, mais permettez-moi de vous expliquer comment ce produit a été conçu pour répondre aux besoins des investisseurs dans votre situation. Avec ma formation et mon expérience, je suis convaincu que c'est la meilleure option pour vous."

Les banquiers utilisent souvent leur image d'experts pour vendre.

Ils se présentent comme des professionnels de confiance, ayant une connaissance approfondie de l'industrie financière et de la manière de faire fructifier l'argent.

Ils se vantent également de leur association avec une institution financière renommée et de la puissance financière qui en découle.

Cela peut renforcer la confiance du client dans les produits financiers proposés par le banquier, ce qui peut les amener à faire un investissement.

Voici quelques exemples de phrases utilisées par les banquiers pour se présenter comme des experts et utiliser le pouvoir de leur banque :

- *"En tant que spécialiste en finance avec X années d'expérience, je suis bien placé pour vous aider à atteindre vos objectifs financiers."*

- *"Notre banque est un leader mondial dans l'industrie financière et nous avons les ressources pour vous aider à faire grandir votre portefeuille."*

- *"Nous avons une équipe d'experts en investissement qui travaillent sans relâche pour offrir les meilleures opportunités d'investissement à nos clients."*

Ces phrases montrent comment le banquier *se positionne comme une autorité* en la matière et peut créer un sentiment de confiance chez le client, les incitant à suivre ses conseils et à investir dans les produits financiers proposés.

Supposons que vous soyez un conseiller immobilier, vous pouvez utiliser votre *image d'expert et la puissance de votre entreprise* pour vendre une propriété à un acheteur potentiel.

Vous pouvez dire des phrases comme :

- "En tant que conseiller immobilier chevronné, je peux vous dire que cette propriété est l'une des plus belles de la ville. Avec notre réputation solide et notre expérience dans le secteur immobilier, je suis sûr que vous ne trouverez pas une meilleure opportunité sur le marché."

- "Notre entreprise est l'une des plus grandes et des plus réputées dans le domaine de l'immobilier. Nous avons les connaissances et les ressources nécessaires pour vous aider à trouver la propriété parfaite pour vous, et notre expérience dans la négociation des prix vous garantit d'obtenir le meilleur deal."

Ces phrases montrent que vous avez l'expertise et les ressources nécessaires pour aider le client à trouver la propriété idéale, ce qui peut le rassurer et le convaincre de faire affaire avec vous.

Voici un récapitulatif des techniques bancaires pour vendre :

- Approche personnelle et personnalisée

- <u>Établissement de rapport et de confiance</u>

- Présentation des avantages financiers et des solutions sur mesure

- Utilisation de termes techniques pour imposer leur expertise

- Répétition pour renforcer le message

- Mise en avant des témoignages et des références clients satisfaits

- Offre d'une période d'essai ou d'une garantie

- Création d'urgence ou de besoin

- <u>Utilisation de la persuasion psychologique, telle que l'influence sociale ou la prise de décision basée sur les émotions</u>

- <u>Élimination des objections ou des incohérences évoquées par le prospectn</u>

En conclusion, il est crucial de se rappeler que la satisfaction à long terme des clients et la préservation de relations positives sont des facteurs clés pour maintenir un chiffre d'affaires durable.

Bien que certaines techniques de vente captivantes puissent sembler efficaces à court terme, leur utilisation abusive peut rapidement avoir des conséquences négatives sur la confiance des clients et la réputation de l'entreprise.

En effet, les clients d'aujourd'hui sont plus conscients que jamais de l'importance de l'éthique et de la transparence dans les pratiques commerciales.

Par conséquent, il est *essentiel de développer des stratégies de vente axées sur la confiance, la communication honnête et l'empathie pour garantir la croissance et le succès à long terme de votre entreprise.*

CHAPITRE XVI - LA TRILOGIE SECRÈTE DE LA VENTE : MAÎTRISER L'UP-SELLING, LE CROSS-SELLING ET LE DOWN-SELLING POUR MAXIMISER VOS PROFITS !

Chers lecteurs, nous allons parler d'un sujet crucial pour tout entrepreneur et tout vendeur : l'up-selling, le cross-selling et le down-selling.

Ces termes peuvent sembler intimidants et techniques, mais ils sont en réalité simples et faciles à comprendre.

L'up-selling consiste à proposer au client un produit ou un service plus coûteux que celui qu'il avait initialement prévu d'acheter.

Le but est de lui faire comprendre que le produit le plus coûteux est en réalité celui qui répond le mieux à ses besoins et à ses attentes.

Le cross-selling, quant à lui, consiste à proposer un produit ou un service complémentaire à celui que le client est en train d'acheter.

Le but est de lui offrir une solution globale qui répondra à tous ses besoins, tout en augmentant la valeur de son panier d'achat.

Enfin, **le down-selling** consiste à proposer un produit ou un service moins cher que celui que le client avait initialement prévu d'acheter.

Le but est de ne pas le laisser partir les mains vides et de lui offrir une solution adaptée à son budget.

Ces techniques de vente ont prouvé leur efficacité et sont utilisées par les plus grands vendeurs à travers le monde.

Elles vous permettent d'augmenter votre chiffre d'affaires tout en répondant aux besoins de vos clients.

Imaginons un cuisiniste qui propose à ses clients des cuisines sur mesure. Lors de la présentation des plans de la cuisine, le vendeur peut utiliser l'UP-selling pour proposer des options supplémentaires qui amélioreront la qualité et le confort de la cuisine, comme un plan de travail en granit ou une hotte aspirante haut de gamme.

En adoptant une approche persuasive et en soulignant les avantages de ces options, les vendeurs peuvent convaincre les clients que ces options amélioreront leur expérience culinaire et ajouteront de la valeur à leur maison.

Le client se sentira ainsi valorisé et privilégié en obtenant un produit sur mesure de qualité supérieure, tandis que le cuisiniste réalise une vente plus importante avec une marge bénéficiaire plus élevée.

Le succès de cette stratégie repose sur la capacité du vendeur à bien connaître les besoins et les désirs de ses clients, ainsi qu'à utiliser des arguments pertinents pour les convaincre d'investir davantage dans leur cuisine.

Prenons l'exemple de Julie, une jeune maman qui souhaite rénover sa cuisine.

Elle entre dans un magasin de cuisine et est accueillie par un vendeur professionnel.

Celui-ci prend le temps de bien comprendre les besoins de Julie, lui explique les différentes options et lui présente des exemples de réalisations de cuisines pour inspirer sa réflexion.

Après une discussion approfondie, Julie choisit un modèle de cuisine qui correspond parfaitement à ses attentes.

C'est à ce moment-là que le vendeur utilise une technique d'UP-selling en proposant des options supplémentaires, comme une hotte plus performante ou des placards encastrés pour optimiser l'espace.

Le vendeur explique à Julie que ces options peuvent améliorer la qualité de vie de sa famille en réduisant les odeurs et en offrant plus de rangements pour les ustensiles de cuisine.

Il ajoute que de nombreux clients ont opté pour ces options et en ont été très satisfaits.

Finalement, Julie se laisse convaincre par ces arguments et décide d'ajouter ces options à sa commande.

Elle se sent rassurée d'avoir fait le bon choix pour sa famille et est convaincue d'avoir opté pour la meilleure cuisine possible.

Grâce à cette technique d'UP-selling, le vendeur a pu proposer des options supplémentaires à Julie, tout en répondant à ses besoins initiaux.

En tirant parti de la preuve sociale et en démontrant que d'autres clients avaient déjà approuvé ces options, le vendeur a réussi à persuader Julie de prendre une décision d'achat réfléchie et pleinement satisfaisante.

Voici quelques exemples de phrases d'up-selling qu'un cuisiniste pourrait utiliser :

- "Vous avez choisi une magnifique cuisine, avez-vous envisagé d'ajouter un îlot central pour encore plus de rangement et de fonctionnalités ?"

- "Avez-vous pensé à ajouter des placards supplémentaires pour les petits appareils électroménagers ou les produits de nettoyage ? Cela vous aiderait à garder votre cuisine bien organisée."

- "Je recommande toujours à mes clients d'ajouter un plan de travail en quartz pour une durabilité optimale. Cela apportera une touche élégante et moderne à votre cuisine."

- Nous avons également une large sélection de poignées de portes et de tiroirs pour personnaliser l'apparence de votre cuisine. Pourquoi ne pas jeter un coup d'œil ?"

Maintenant imaginez vous lorsque que vous souscrivez une assurance, vous vous attendez à être protégé contre tous les risques possibles. Cependant, il est souvent difficile de savoir exactement quelles couvertures vous devez choisir. C'est là qu'intervient le cross-selling.

Envisagez que vous achetiez une assurance automobile. Votre agent d'assurance vous informe que vous pouvez également bénéficier d'une assurance habitation à un prix avantageux si vous ajoutez cette couverture à votre contrat actuel.

Vous pouvez même recevoir une réduction si vous souscrivez les deux assurances en même temps.

Cette approche permet à l'assureur de maximiser la valeur de chaque vente en proposant des offres complémentaires.

L'agent d'assurance pourrait dire :

"Je voudrais vous faire profiter d'une offre exclusive réservée à nos clients fidèles. Si vous souscrivez à notre assurance automobile, vous pourrez bénéficier d'une réduction de 10% sur l'assurance habitation. C'est une occasion unique de protéger votre foyer et votre véhicule tout en faisant des économies. Qu'en pensez-vous?"

Cette technique de cross-selling peut être très efficace car elle permet à l'assureur de proposer des offres complémentaires qui offrent une valeur ajoutée aux clients.
Elle permet également d'augmenter les ventes et d'optimiser les relations clients.

Concernant le dernier de notre trilogie, le down selling et pour l'utiliser avec succès, il est capital de bien connaître les besoins et les objectifs de vos clients.

Vous pouvez proposer une alternative plus abordable ou moins risquée, tout en expliquant clairement les avantages de cette alternative.

Par exemple, si un client hésite à investir dans une stratégie de placement à haut risque, vous pouvez lui proposer une stratégie plus sûre et stable avec un rendement potentiel plus faible mais plus constant sur le long terme.

Un autre exemple de down selling celui d'un vendeur de voitures qui propose une voiture moins chère à un client qui ne peut pas se permettre d'acheter le modèle le plus cher.

Le vendeur peut également proposer une voiture d'occasion ou un modèle de l'année précédente pour offrir une alternative plus abordable.

Le conseiller en gestion de patrimoine pourrait quant à lui utiliser une technique de down selling dans le cas où un client potentiel montre des signes de réticence à investir un montant important.

Voici un exemple de conversation qui illustre cette technique :

Vendeur : *"Je comprends que vous hésitiez à investir un montant important pour l'instant. Cependant, il est important de mettre en place une stratégie d'investissement à long terme pour assurer la croissance de votre patrimoine. Je vous propose donc de commencer par un investissement initial plus faible, qui vous permettra de vous familiariser avec notre stratégie et de voir les résultats sur le court terme. Ensuite, vous pourrez réévaluer vos objectifs et investir d'avantage si vous le souhaitez."*

Acheteur : *"Je ne sais pas, j'ai peur de perdre mon argent."*

Vendeur : *"Je comprends tout à fait vos préoccupations, c'est pour cela que nous avons mis en place une stratégie de gestion de patrimoine qui minimise les risques et assure une croissance régulière. De plus, notre équipe de spécialistes est disponible pour vous accompagner et répondre à toutes vos questions. Alors, que diriez-vous de commencer par un investissement initial plus faible pour tester notre stratégie ?"*

Cette technique permet de rassurer le client et de lui proposer une alternative plus accessible pour commencer à investir. Si le client est satisfait des résultats obtenus, il sera plus enclin à investir davantage dans le futur.

Le conseiller financier pourrait dire : "Je comprends que vous voulez investir dans une stratégie à haut risque pour augmenter rapidement votre capital, mais cela comporte également un risque plus élevé de perte. Avez-vous envisagé une stratégie de placement plus sûre et stable avec un rendement potentiel plus faible mais plus constant sur le long terme ? Vous pouvez également envisager de diversifier votre portefeuille pour minimiser les risques."

En proposant une option de placement plus sûre et stable, le conseiller montre qu'il comprend les besoins et les objectifs de l'investisseur, tout en offrant une solution qui peut minimiser les risques associés à des investissements plus risqués.

Cela peut conduire à une relation plus solide et de confiance entre le conseiller et l'investisseur.

En conclusion, maîtriser l'up-selling, le cross-selling et le down-selling est un art qui permet à tout vendeur et entrepreneur d'augmenter son chiffre d'affaires tout en répondant aux besoins de ses clients.

Ces techniques sont simples et faciles à mettre en œuvre.

L'up-selling consiste à proposer un produit ou un service plus cher que celui initialement prévu, **le cross-selling** consiste à proposer un produit ou un service complémentaire à celui en cours d'achat et **le down-selling** consiste à proposer un produit ou un service moins cher que celui prévu.

Pour réussir, il est bon de bien connaître les besoins et les désirs de ses clients, de les rassurer en leur montrant que les options supplémentaires répondent à leurs besoins et enfin, de leur offrir une expérience d'achat satisfaisante.

Ces techniques ont été utilisées par les plus grands vendeurs à travers le monde, et vous pouvez vous aussi les utiliser pour maximiser vos profits.

En tirant parti de ces méthodes, vous serez en mesure de fournir une solution holistique à votre clientèle tout en maximisant la valeur de leurs achats.

CHAPITRE XVII - L'INFLUENCE SOCIALE ET LA PERCEPTION SOCIALE EN VENTE

La vente est un domaine où l'influence sociale et la perception sociale jouent un rôle crucial.

En effet, pour réussir dans la vente, il est essentiel de comprendre comment les gens réagissent et comment les influencer.

L'influence sociale fait référence à l'impact que les autres ont sur notre comportement, nos attitudes et nos décisions.

En matière de vente, cela signifie que les acheteurs peuvent être influencés par ce que les autres pensent ou disent d'un produit ou d'un service.

Les vendeurs peuvent utiliser cette influence sociale à leur avantage en utilisant des preuves sociales, telles que des témoignages ou des recommandations d'autres clients satisfaits.

La perception sociale, quant à elle, fait référence à la façon dont nous percevons les autres et comment nous pensons qu'ils nous perçoivent.

Les vendeurs doivent être conscients de cette perception sociale et s'efforcer de créer une image positive pour eux-mêmes et pour leur produit.

Les acheteurs peuvent être influencés par la façon dont ils perçoivent le vendeur et le produit, ainsi que par la façon dont ils pensent que les autres les perçoivent.

Imaginez que vous êtes un vendeur de voitures et qu'un client potentiel entre dans votre showroom.

Vous remarquez immédiatement que ce client est habillé avec des vêtements de marque de haute qualité et porte une montre de luxe.

Vous réalisez que ce client est très probablement un acheteur potentiel de la voiture de luxe la plus chère que vous avez en stock.

Néanmoins, vous constatez que le client semble préoccupé et méfiant, ce qui n'échappe pas à votre attention.

Vous vous rendez compte que pour vendre cette voiture de luxe, vous devez vous démarquer des autres vendeurs de voitures qu'il a rencontrés.

Alors, au lieu d'adopter l'approche de vente traditionnelle, vous décidez de changer votre apparence et votre comportement.

Vous enlevez votre cravate et desserrez votre col de chemise, puis vous commencez à parler au client avec un ton plus détendu et décontracté.

Vous remarquez que le client se détend et commence à s'ouvrir à vous.

Vous commencez à établir une relation avec le client en lui posant des questions sur ses centres d'intérêt et ses préférences en matière de voitures.

Vous découvrez que le client est un passionné de voitures de course et que la voiture de luxe que vous vendez a des caractéristiques similaires à celles des voitures de course qu'il adore.

Vous utilisez cette information pour montrer au client comment cette voiture peut satisfaire sa passion pour les voitures de course et comment elle peut lui donner une expérience de conduite unique.

Le client est impressionné par votre connaissance et votre passion pour les voitures de course, ainsi que par votre approche de vente détendue et personnalisée.

Il achète finalement la voiture de luxe la plus chère de votre stock et vous laisse un pourboire généreux.

Ce que vous avez accompli ici est de changer l'image traditionnelle du vendeur de voiture en un conseiller en voiture passionné et empathique.

En raison de vos connaissances sur la passion du client pour les voitures de course, vous avez pu établir une relation de confiance et devenir le choix naturel pour la vente de la voiture de luxe.

À présent pour illustrer encore plus l'intérêt de ses leviers imaginons que vous êtes un représentant en marketing pour une entreprise qui vend des appareils auditifs.

Vous avez un rendez-vous avec un prospect qui souffre de perte auditive légère. Vous commencez la conversation en posant des questions sur son mode de vie, ses habitudes d'écoute, ses passe-temps et ses activités sociales.

Vous faites cela pour mieux comprendre ses besoins et lui montrer que vous êtes intéressé par son bien-être.

Ensuite, vous commencez à présenter les différentes options d'appareils auditifs et leurs avantages, tout en les reliant à ses besoins spécifiques.

Vous utilisez des termes techniques, mais vous les expliquez de manière simple et compréhensible.

Vous utilisez également des exemples concrets pour montrer comment ces appareils peuvent améliorer sa qualité de vie, en lui permettant de participer plus activement à des conversations, en écoutant de la musique ou en regardant la télévision.

Ensuite, vous commencez à utiliser des techniques de persuasion subtile. Vous commencez à parler des avantages sociaux et émotionnels d'avoir une bonne audition.

Vous parlez de la confiance en soi et de la sécurité que l'on ressent en étant capable d'entendre clairement et de participer activement à des conversations.

Vous utilisez également des témoignages de clients satisfaits pour renforcer ces arguments.

Puis, vous utilisez une astuce subtile en disant: "Vous savez, la plupart des gens ne réalisent pas à quel point leur qualité de vie est affectée par une perte auditive.

Ils ne réalisent pas à quel point cela peut affecter leur vie sociale et émotionnelle.

Mais vous avez déjà pris le premier pas en étant ici avec moi aujourd'hui, et je suis là pour vous aider à retrouver une audition claire et précise."

Le prospect, sans s'en rendre compte, imagine maintenant sa vie avec une meilleure audition. Il imagine comment il se sentirait plus en confiance et plus sûr de lui dans des situations sociales.

Il imagine comment il pourrait profiter de ses passe-temps et activités sans avoir à se soucier de manquer quelque chose d'important.

Il se sent plus en confiance en vous et en votre entreprise, sachant que vous êtes là pour l'aider.

En utilisant des techniques de persuasion subtile et en reliant les avantages de l'appareil auditif aux besoins spécifiques du prospect, vous avez réussi à influencer sa perception sans qu'il s'en rende compte.

Le cocktail pour que ces phrases fonctionnent est un mélange de persuasion, de créativité et d'empathie.

Le vendeur doit être capable de comprendre les besoins et les désirs de son client et de créer un message qui résonne avec ces besoins et désirs.

Il doit également être capable de persuader le client de la valeur de son produit ou service en utilisant des arguments logiques et émotionnels.

Enfin, il doit être créatif dans la façon dont il présente son message, en utilisant des anecdotes, des histoires et des exemples concrets pour aider le client à se connecter émotionnellement avec son produit ou service.

En guise de conclusion, je voudrais vous poser une question : avez-vous été influencé par mes mots et mes techniques de persuasion subtile ?

Si oui, c'est normal. Nous sommes tous influencés par le pouvoir des mots et de la perception. Cependant, la clé est de savoir utiliser ces outils à bon escient, en créant des relations honnêtes et authentiques avec nos clients. En tant qu'experts, nous devons être conscients de notre pouvoir et de notre responsabilité d'utiliser ce pouvoir de manière éthique et respectueuse.

Alors, la prochaine fois que vous entendez un discours de vente convaincant, demandez-vous : suis-je réellement convaincu, ou est-ce juste le pouvoir des mots qui parle ?

Ou bien la prochaine fois que vous êtes sur le point d'utiliser un discours de vente convaincant, demandez-vous : est-ce que je me sers de mes compétences en persuasion pour aider mon prospect à prendre une décision éclairée, ou est-ce que je cherche simplement à vendre à tout prix ?

Lorsque nous comprenons le pouvoir de nos mots et de nos techniques, nous pouvons choisir de les utiliser de manière éthique pour aider les clients à atteindre leurs objectifs.

CHAPITRE XVIII - RISQUES CALCULÉS, OPPORTUNITÉS ET ÉQUILIBRE PARFAIT

J'ai vu de nombreux vendeurs prendre des risques pour saisir des opportunités et connaître un succès incroyable.

J'ai également vu des vendeurs qui ont pris des risques excessifs et ont subi des échecs terribles.

Le risque est inévitable dans le monde de la vente, mais il est possible de le gérer avec prudence et stratégie.

Dans ce chapitre, je vais vous apprendre comment prendre des risques calculés pour saisir des opportunités, trouver l'équilibre parfait entre le risque et la récompense, et gérer le risque pour minimiser les pertes potentielles.

Aussi voyons, comment vous pouvez réduire les risques perçus par vos prospects lors de la phase de vente, en les amenant à voir l'opportunité que vous leur offrez d'un point de vue différent.

La matrice de pondération est un outil qui permet de hiérarchiser les risques potentiels liés à une décision donnée. Elle est utilisée pour évaluer et classer les risques selon leur gravité et leur probabilité.

Cette matrice est souvent présentée sous la forme d'une grille ou d'un tableau avec deux axes.

Le premier axe représente la probabilité d'occurrence du risque, tandis que le deuxième axe représente l'impact ou la gravité du risque en termes de conséquences.

Les risques sont évalués selon ces deux axes, ce qui permet de les classer dans quatre catégories différentes : les risques élevés, les risques moyens, les risques faibles et les risques négligeables.

Les risques élevés sont les risques les plus critiques et doivent être traités en priorité.

Les risques moyens nécessitent également une attention particulière, tandis que les risques faibles et négligeables peuvent être traités ultérieurement ou ignorés.

Les sociétés peuvent prendre des décisions éclairées en évaluant les risques et les bénéfices potentiels de diverses options grâce à l'utilisation de la matrice de pondération.

Cela permet de minimiser les risques et de maximiser les bénéfices en prenant en compte les risques de manière objective et en hiérarchisant leur importance.

Imaginez que vous êtes un entrepreneur qui veut lancer une nouvelle entreprise dans un marché concurrentiel.

Vous avez identifié les opportunités potentielles pour votre entreprise, mais vous devez également prendre en compte les risques et les incertitudes qui peuvent surgir.

Comment pouvez-vous utiliser la matrice de pondération pour minimiser les risques et maximiser les opportunités ?

Tout d'abord, identifiez les facteurs de risque qui peuvent affecter votre entreprise, tels que la concurrence, les changements économiques, les obstacles réglementaires, etc.

Ensuite, évaluez la probabilité de chaque risque et l'impact potentiel sur votre entreprise.

En exploitant la matrice de pondération, il est possible d'évaluer la pertinence de chaque élément en attribuant une cote qui reflète son importance relative.

Enfin, utilisez ces notes pour classer les risques par ordre de priorité et élaborer une stratégie de gestion des risques.

En prenant des décisions éclairées et en utilisant des données objectives, vous pouvez minimiser les risques perçus par vos clients potentiels et renforcer la confiance dans votre entreprise.

Imaginons que vous soyez un marchand d'art spécialisé dans les antiquités rares et que vous veniez de trouver une pièce unique en son genre. Vous avez la possibilité de l'acheter pour un prix très élevé, mais vous savez que cette pièce vaut beaucoup plus sur le marché. Cependant, vous êtes également conscient que si vous n'arrivez pas à la vendre, cela peut nuire considérablement à votre entreprise.

Pour prendre une décision éclairée, vous pouvez utiliser la matrice de pondération pour évaluer les risques et les avantages potentiels.

Vous pouvez évaluer les risques tels que la concurrence, le coût de stockage et le risque d'une fluctuation de la demande pour les antiquités rares.

Si les avantages potentiels l'emportent sur les risques, vous pouvez décider d'acheter la pièce et de la vendre avec succès, obtenant ainsi un retour sur investissement important.

Si les risques sont trop élevés, vous pouvez décider de ne pas l'acheter et d'attendre la prochaine opportunité.

Ainsi, la matrice de pondération vous permet de prendre des décisions commerciales éclairées en évaluant soigneusement les risques et les avantages, ce qui vous permet de minimiser les risques et d'optimiser les bénéfices.

Il est tout autant, extrêmement important de minimiser les risques perçus par les prospects car cela peut faire toute la différence entre une vente réussie et une vente ratée.

Les clients potentiels ont souvent des appréhensions et des doutes avant d'effectuer un achat, notamment lorsqu'il s'agit d'un achat important ou d'une décision à long terme.

Si ces risques ne sont pas abordés ou minimisés, les clients peuvent facilement se détourner de l'achat ou se tourner vers la concurrence.

En minimisant les risques perçus, les vendeurs peuvent instaurer une plus grande confiance avec leurs prospects et les aider à prendre des décisions d'achat éclairées et satisfaisantes.

Sans cette attention aux risques perçus, les vendeurs peuvent perdre des ventes potentielles et faire fuir des clients qui, sans le savoir, auraient pu devenir des clients fidèles et satisfaits.

Maintenant que vous comprenez l'importance de minimiser les risques perçus par les clients, laissez-moi vous donner un exemple réel d'un vendeur qui a réussi à utiliser cette stratégie pour vendre un produit haut de gamme.

Il s'agit d'une petite entreprise qui fabrique des bijoux en diamant, et qui s'est rendue compte que les clients hésitent souvent à acheter en ligne à cause du risque de fraude ou de mauvaise qualité.

Pour minimiser ces risques, le vendeur a mis en place une stratégie en trois étapes : la première consistait à offrir une garantie de remboursement de 30 jours, la deuxième était de proposer une expertise gratuite pour évaluer la qualité du diamant et la troisième était de fournir des témoignages vérifiables de clients satisfaits.

Avec cette stratégie, le vendeur a pu convaincre les clients de l'authenticité et de la qualité de ses produits, et a augmenté son taux de conversion en ligne.
Voici un exemple de phrase que le vendeur pourrait utiliser pour minimiser les risques perçus par les clients :

"Nous comprenons que l'achat de bijoux en ligne peut être risqué, mais nous sommes convaincus que vous serez satisfait de la qualité de nos diamants. Nous offrons une garantie de remboursement de 30 jours, ainsi qu'une expertise gratuite pour vous aider à évaluer la qualité du diamant. Nous avons également des témoignages vérifiables de clients satisfaits pour vous rassurer quant à notre authenticité.

Nous voulons que vous soyez entièrement satisfait de votre achat, c'est pourquoi nous nous engageons à minimiser tous les risques pour vous."

Prenons l'exemple d'un souscripteur d'assurance qui minimise les risques perçus par les prospects :

"Je comprends que l'achat d'une assurance peut sembler être un investissement important, mais je veux que vous sachiez que cela peut être l'une des meilleures décisions que vous prenez pour protéger votre avenir financier. Pensez-y de cette façon : vous ne pouvez pas prédire l'avenir, mais vous pouvez certainement vous y préparer. Les primes d'assurance que vous paierez chaque mois représentent en fait un coût très faible comparé aux pertes financières potentielles que vous pourriez subir en cas de sinistre. Je suis ici pour vous aider à trouver une couverture qui répondra à vos besoins spécifiques, pour que vous puissiez dormir tranquillement la nuit en sachant que vous êtes protégé contre tous les imprévus de la vie."

En minimisant les risques perçus par le prospect, le vendeur d'assurance souligne que l'achat d'une assurance peut être considéré comme un investissement plutôt qu'une dépense, qu'il est préférable de se préparer à l'avenir et que les coûts de l'assurance sont relativement faibles par rapport aux pertes potentielles.

Ces arguments peuvent aider à persuader le prospect d'acheter une assurance et de se protéger contre les risques financiers futurs.

En somme, ce chapitre est comme un petit chien : tout mignon, un peu court sur pattes, mais qui laisse une empreinte indélébile dans votre mémoire.

Et comme on dit, les meilleures choses viennent en petits paquets (ou en petits chiens !).

CHAPITRE XIX - PSYCHOLOGIE DE VENTE :

COMPRENDRE LE TRIANGLE DE KARPMAN ET LE TRIANGLE VERTUEUX

L e triangle de Karpman, également connu sous le nom de triangle dramatique, est une théorie fascinante qui a été développée dans les années 1960 par le psychiatre Stephen Karpman.

Ce modèle met en évidence les relations malsaines et toxiques qui se forment entre les personnes lorsqu'elles sont prises dans des schémas de comportement de type VICTIME, SAUVEUR et PERSÉCUTEUR.

C'est une dynamique qui peut se produire dans tous les types de relations, qu'elles soient personnelles ou professionnelles, et qui peut causer des dommages émotionnels et même physiques.

Dans ce chapitre, nous allons explorer comment le triangle de Karpman peut impacter les interactions de vente et comment vous pouvez utiliser cette théorie pour devenir un meilleur vendeur.

Prenons un exemple concret : *Imaginez que vous travaillez dans une entreprise et que votre collègue de travail, Jean, est constamment en train de vous critiquer et de vous faire des reproches. Vous commencez à ressentir de la colère et de la frustration envers Jean, et vous ne savez pas comment gérer cette situation. Vous décidez alors d'en parler à votre autre collègue, Marie, qui est également une amie proche.*
Marie vous écoute et vous encourage à parler avec Jean pour résoudre le conflit. Cependant, lorsque vous allez parler à Jean, il se met en colère et commence à vous critiquer encore plus. Vous ne savez plus quoi faire et vous vous sentez de plus en plus stressé.

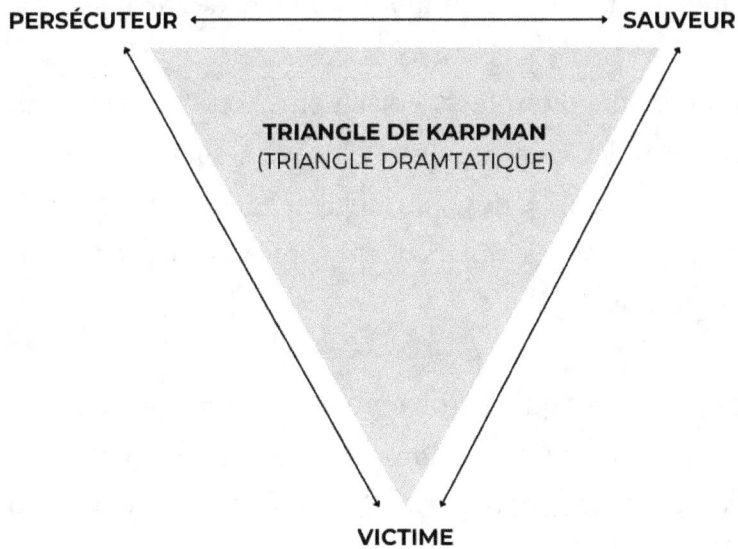

Ce schéma de comportement est connu sous le nom de triangle de Karpman.

Jean joue le rôle du PERSÉCUTEUR, vous jouez le rôle de la VICTIME, et Marie joue le rôle du SAUVEUR.

Ce schéma peut se répéter encore et encore, créant des tensions et des conflits qui nuisent à l'efficacité et au bien-être de l'entreprise.

Il est faut reconnaître ce schéma de comportement et apprendre à y faire face de manière productive.

Le triangle de Karpman peut être un cercle vicieux dans lequel il est facile de tomber et difficile de sortir.

En effet, chaque rôle - persécuteur, victime et sauveur - peut sembler confortable et efficace à court terme, mais ce sont tous des stratégies de communication dysfonctionnelles qui peuvent causer des problèmes à long terme.

Les personnes qui se trouvent dans le triangle peuvent se sentir prises au piège, impuissantes et frustrées, ce qui peut entraîner une perte de confiance en soi et une dégradation des relations.

Dans la vente, ces rôles peuvent également avoir un impact négatif sur la capacité à convaincre les clients et à conclure des transactions.

Il est donc avantageux de reconnaître les signes du triangle de Karpman et de travailler pour sortir de cette dynamique.

Il est vrai que lorsqu'on observe le triangle de Karpman, il peut sembler que certains rôles soient plus "mauvais" que d'autres.

Après tout, le persécuteur est celui qui fait du mal, la victime est celle qui subit le mal, et le sauveur est celui qui se mêle des affaires des autres.

Mais en réalité, aucun de ces rôles n'est véritablement mauvais en soi.

Prenons l'exemple du sauveur, qui semble souvent être le plus positif des trois rôles.

Le sauveur est généralement une personne empathique qui veut aider les autres, mais cela peut parfois devenir problématique s'il en fait trop.

En s'impliquant constamment dans les problèmes des autres, le sauveur peut finir par les infantiliser et les rendre dépendants de lui, plutôt que de les aider à devenir autonomes.

De même, le persécuteur est souvent perçu comme le "MÉCHANT" du triangle, mais en réalité, il peut être motivé par une peur ou une douleur profonde.

Le persécuteur peut être en colère, frustré ou se sentir menacé, et ses comportements peuvent être une manière de se protéger ou de se défendre contre des émotions difficiles.

Enfin, la victime peut sembler le plus vulnérable et le plus innocent des trois rôles, mais elle peut également se complaire dans son rôle et refuser de prendre la responsabilité de sa vie.

En se considérant comme une victime, on peut se sentir en sécurité dans notre confortable zone de confort, plutôt que de faire face à nos peurs et de prendre des risques.

Chacun des rôles du triangle de Karpman est basé sur des émotions négatives et des comportements toxiques qui ne font qu'aggraver les problèmes.

Les persécuteurs sont souvent isolés et rejetés, les victimes sont impuissantes et déprimées, et les sauveurs sont souvent surmenés et épuisés.

En fin de compte, le triangle de Karpman ne mène qu'à une impasse, où chacun des rôles est prisonnier de son propre comportement.

La seule façon de sortir de ce triangle est de briser le cycle et de trouver une façon saine et constructive d'interagir avec les autres.

Pour illustrer cette erreur en vente, imaginons que vous êtes un vendeur qui essaye de convaincre un client potentiel d'acheter votre produit. Vous pourriez commencer en utilisant des techniques de vente agressives, en mettant en avant les défauts du produit de la concurrence et en mettant en évidence les avantages de votre produit. Le client, se sentant attaqué, peut alors se mettre en position de victime, en disant qu'il ne peut pas se permettre d'acheter votre produit ou qu'il n'en a pas besoin.

Sentant que le client ne veut pas acheter votre produit, vous pourriez alors adopter le rôle de sauveur, en proposant des réductions ou des offres spéciales pour essayer de convaincre le client. Mais cette attitude peut être interprétée comme manipulatrice ou désespérée, et le client peut alors se sentir encore plus en position de victime.

Ainsi, sans le savoir, vous êtes tombé dans le piège du triangle de Karpman, en passant d'un rôle à un autre sans véritablement résoudre le problème.

Cela peut être préjudiciable pour votre relation avec le client, qui peut finir par se sentir manipulé ou mal à l'aise avec vous.

La solution pour un vendeur, pour sortir du triangle de Karpman est de reconnaître les différents rôles qu'il joue dans une situation de vente et de les utiliser de manière appropriée et consciente.

Il est connu pour le vendeur de se concentrer sur le résultat souhaité, plutôt que sur la satisfaction de ses propres besoins émotionnels.

Le vendeur doit également être capable de se mettre à la place de son client et de comprendre ses besoins et ses motivations.

Cela permettra au vendeur de créer une relation de confiance avec son client et de travailler en collaboration avec lui pour atteindre ses objectifs.

En fin de compte, la clé pour sortir du triangle de Karpman est de devenir un leader efficace et empathique qui est capable de guider son client vers une décision positive et mutuellement bénéfique.

Maintenant que nous avons vu les dangers du triangle de Karpman, il est temps d'explorer une alternative plus positive : le triangle vertueux.

Contrairement au triangle de Karpman, le triangle vertueux est un modèle de communication et de comportement sain, qui peut aider les vendeurs à établir des relations plus solides avec leurs clients.

Voyons comment cela fonctionne.

Le triangle vertueux, contrairement au triangle de Karpman, permet de créer des relations saines et durables.

Dans ce triangle, chaque personne joue un rôle différent mais complémentaire pour atteindre un objectif commun.

Le premier rôle est celui de "CRÉATEUR", qui apporte des idées et des solutions pour avancer. Le deuxième rôle est celui de "FACILITATEUR", qui soutient le créateur en mettant en place les moyens nécessaires pour réaliser ces idées.

Enfin, le troisième rôle est celui de "RESSOURCE", qui fournit les moyens et les outils nécessaires à la réalisation du projet.

Chacun de ces rôles est essentiel et permet une coopération efficace pour atteindre l'objectif commun.

Visualisez, par exemple, une équipe de vente qui travaille ensemble pour atteindre un objectif de chiffre d'affaires. Le créateur peut proposer de nouvelles idées pour améliorer les ventes, le facilitateur peut organiser des formations pour les membres de l'équipe pour améliorer leurs compétences en vente, et le ressource peut fournir les outils de vente nécessaires tels que des présentoirs ou des brochures. Ensemble, ils travaillent en harmonie pour atteindre leur objectif commun.

Le triangle vertueux est un moyen puissant de travailler en collaboration et de bâtir des relations solides basées sur la confiance et le respect mutuel.

C'est une approche gagnant-gagnant où tout le monde est encouragé à donner le meilleur de soi-même pour atteindre un objectif commun.

Voici un exemple plus précis de son utilisation :

Imaginons que vous êtes un commercial qui prospecte pour une entreprise. Vous avez identifié un prospect potentiel, mais vous savez qu'il a déjà une relation commerciale avec l'un de vos concurrents. Au lieu de simplement les discréditer et de vous présenter comme le meilleur choix, vous pourriez utiliser le triangle vertueux pour créer une relation plus solide avec ce prospect.

En tant que vendeur, vous pourriez adopter le rôle de "FACILITATEUR" et montrer au prospect comment vous pouvez aider à améliorer sa situation commerciale. Vous pourriez également adopter le rôle de "COACH" en partageant votre expertise et en fournissant des conseils pertinents. Enfin, vous pourriez encourager le prospect à adopter le rôle d' "EXPERT" en lui demandant son avis et ses conseils sur certains aspects de son entreprise.

Avec trois rôles, vous pouvez établir une relation de confiance avec votre prospect et démontrer que vous êtes plus qu'un simple vendeur.

Vous devenez un partenaire commercial qui apporte une réelle valeur ajoutée à son entreprise.

Cela peut conduire à des relations plus durables et à des clients plus fidèles.

Warren Buffett est une personnalité reconnue dans le monde de la finance et de l'investissement. Son succès et son statut d'oracle des investissements ne sont pas le fruit du hasard.

Au fil des ans, il a développé des compétences clés qui l'ont aidé à devenir un investisseur prospère. Mais ce qui est intéressant à propos de Warren Buffett, c'est qu'il a également été un excellent vendeur.

Dans son livre, "The Warren Buffett Way", l'auteur Robert Hagstrom met en évidence les compétences clés de Warren Buffett et explique comment il a utilisé ces compétences pour devenir l'un des plus grands investisseurs de tous les temps. L'une des compétences clés que Warren Buffett a utilisées dans sa carrière est le triangle vertueux.

Warren Buffett a toujours été un vendeur de valeur plutôt qu'un vendeur de prix.

Il a compris que le succès à long terme ne vient pas de la fixation des prix les plus bas, mais de la création de produits de qualité qui offrent une réelle valeur ajoutée.

En appliquant le concept du triangle vertueux, Warren Buffett a élaboré une méthode de vente redoutablement efficace, ayant engendré des profits considérables.

En utilisant le triangle vertueux, Warren Buffett a d'abord mis l'accent sur le rôle du "CRÉATEUR DE VALEUR".

Il a investi dans des entreprises qui ont créé des produits de haute qualité qui offrent une réelle valeur ajoutée aux clients.

Ensuite, il est devenu le "FACILITATEUR DE VALEUR" en utilisant sa réputation pour encourager les gens à investir dans ces entreprises.

Enfin, en tant que "BÉNÉFICIAIRE DE VALEUR", Warren Buffett a réalisé des bénéfices considérables en investissant dans des entreprises qui créent de la valeur pour leurs clients.

En conclusion, le triangle de Karpman et le triangle vertueux sont deux concepts clés à maîtriser pour les vendeurs et les professionnels de la vente.

Le triangle de Karpman peut facilement piéger les vendeurs dans des relations dysfonctionnelles avec leurs clients, tandis que le triangle vertueux peut aider à établir des relations positives et durables.

En appliquant ces concepts, les vendeurs peuvent améliorer leur approche de vente et créer des relations plus saines et plus productives avec leurs clients.

N'oubliez pas, votre succès en tant que vendeur dépend de la qualité de vos relations avec vos clients.

CHAPITRE XX - LIBÉRALISME ET SMART BUSINESS : L'APPROCHE LIBÉRALE UNE PHILOSOPHIE DE VENTE EFFICACE ?

Le libéralisme est un courant de pensée qui a profondément influencé notre société. Il est à l'origine de nombreuses transformations économiques, sociales et politiques.

Mais au-delà de sa dimension historique, le libéralisme est avant tout une philosophie de la vie qui prône la liberté individuelle, la responsabilité personnelle, et la primauté de l'économie de marché.

PUISQUE LE BONHEUR VIENT DE LA SATISFACTION DES BESOINS, IL SERA ASSURÉ PAR LES PROGRÈS MATÉRIELS.

Cette citation met en évidence l'un des principes fondamentaux du libéralisme économique : *la recherche du bonheur individuel à travers la satisfaction de ses besoins matériels.*

Selon cette philosophie, l'individu est au centre de l'économie et de la société, et ses besoins doivent être satisfaits pour atteindre le bonheur.

Le libéralisme économique repose sur la liberté économique, c'est-à-dire *la liberté d'entreprendre, de produire, d'échanger et de consommer.*

Selon cette théorie, la concurrence sur un marché libre favorise l'efficacité économique et la prospérité, car elle incite les producteurs à offrir des produits de qualité à des prix abordables pour attirer les consommateurs.

Cette concurrence stimule également l'innovation, la création de richesse et la croissance économique.

Dans cette perspective, le bonheur est perçu comme étant lié à la satisfaction des besoins, et ces derniers sont considérés comme pouvant être satisfaits par les progrès matériels.

C'est en effet grâce à la création de richesses et au développement des échanges commerciaux que les individus peuvent accéder à des biens et des services de meilleure qualité, améliorer leur niveau de vie, et ainsi trouver une source de satisfaction et de bonheur.

Le libéralisme place ainsi la vente et le commerce au cœur de son système économique, en considérant que la libre entreprise et la concurrence sont les meilleurs moyens de favoriser l'innovation, la créativité et l'efficacité.

En permettant aux individus d'exercer leur esprit d'entreprise, le libéralisme encourage la création de nouveaux produits et services, l'amélioration de leur qualité, et donc leur meilleure satisfaction.

En somme, pour un entrepreneur, maîtriser les principes du libéralisme et de la vente est un gage de réussite.

En effet, en se basant sur les notions de libre entreprise et de concurrence, il est possible de développer une approche commerciale efficace et de répondre de manière pertinente aux besoins des clients.

C'est ainsi que le libéralisme peut constituer une véritable philosophie de vente efficace pour tout entrepreneur désireux de réussir dans un monde en perpétuelle évolution.

En matière de vente, le libéralisme offre une approche particulièrement intéressante.

Ce concept implique la considération de la vente comme une transaction mutuelle entre deux parties autonomes et conscientes de leurs responsabilités respectives.

Au lieu de chercher à manipuler son interlocuteur pour vendre à tout prix, le libéralisme invite à chercher à répondre aux besoins et aux désirs de l'autre, en respectant son libre-arbitre.

Dans ce chapitre, nous allons étudier l'approche libérale de la vente, et voir en quoi elle peut être une philosophie de vente efficace.

Nous verrons également comment le libéralisme peut aider à construire un Smart Business, et comment il peut contribuer à faire de nous des vendeurs plus efficaces.

Charles Gave est un économiste et financier français qui a bâti sa fortune en appliquant les principes du libéralisme à son entreprise, la société de gestion GaveKal.

Il est un exemple concret de la manière dont le libéralisme peut aider à réussir en tant que vendeur.
Dans le cas de Charles Gave, le libéralisme lui a permis de créer et de développer son entreprise de gestion de patrimoine, Gavekal.

En adoptant une approche libérale, il a pu offrir des services innovants à ses clients, tels que des recherches et analyses indépendantes, et ainsi se démarquer de ses concurrents.

En offrant une grande liberté et flexibilité à ses employés, il a pu attirer des talents de haut niveau et créer une culture d'entreprise dynamique.

Le libéralisme a également permis à Gavekal de se développer rapidement, en lui offrant la possibilité de s'adapter rapidement aux évolutions du marché et aux besoins des clients.

En offrant des services de qualité et en répondant rapidement aux demandes des clients, Gavekal a pu bâtir une réputation solide et gagner la confiance de ses clients.

Enfin, le libéralisme a également permis à Charles Gave de prospérer sur le plan personnel.

En tant qu'entrepreneur libéral, il a pu bénéficier de la liberté de prendre des risques et de l'opportunité de profiter des fruits de ses efforts et de ses réalisations.

Cette liberté et cette flexibilité ont permis à Charles Gave de développer une approche novatrice de la gestion de patrimoine et de bâtir une entreprise florissante.

Imaginez un chargé de clientèle qui travaille dans une entreprise de conseil. Malgré ses années d'expérience, il se sent limité dans ses possibilités de croissance. Il aimerait pouvoir offrir à ses clients des services personnalisés et innovants, mais les procédures de l'entreprise ne le permettent pas. C'est alors qu'il décide de prendre son indépendance et de devenir consultant indépendant.

En se tournant vers le libéralisme, il découvre un monde de possibilités.

Il n'est plus limité par les règles de l'entreprise, mais peut désormais offrir à ses clients des services sur mesure qui répondent parfaitement à leurs besoins.

Le professionnel a la possibilité de déterminer ses propres tarifs, en prenant en considération l'apport de valeur qu'il offre à sa clientèle.

Grâce à sa liberté de pensée et d'action, le consultant indépendant peut également expérimenter de nouvelles approches de vente.

Il peut adopter des stratégies plus agiles et innovantes, tout en restant fidèle à ses valeurs.

Il est libre de se concentrer sur ce qui est vraiment important pour lui : offrir des solutions de qualité à ses clients et développer son entreprise de manière durable.

En somme, le libéralisme offre une liberté sans limite, une approche qui peut aider tout vendeur à réussir dans son entreprise.

Il suffit de se libérer de la pensée conformiste et de s'ouvrir à de nouvelles possibilités pour que les résultats se fassent sentir.

Le libéralisme est ainsi une véritable philosophie de la vente, qui peut aider les vendeurs à atteindre leur plein potentiel et à développer leur entreprise de manière responsable et durable.

Imaginons un gérant d'entreprise de produits bio en France. Il est passionné par les produits qu'il vend, mais il a l'impression que la concurrence est féroce et que les marges sont faibles. Il décide donc de penser de manière libérale pour son smart business.

Grâce au libéralisme, il comprend que pour se démarquer de la concurrence, il doit mettre en avant ses avantages concurrentiels.

Après avoir pris conscience de la réputation internationale de qualité des produits bio français, notre entrepreneur comprend qu'il peut tirer parti de cette image pour étendre son activité à l'échelle mondiale.

Ainsi, il ajuste sa stratégie de développement en se concentrant sur les pays où les produits bio français sont particulièrement appréciés.

Il met en avant l'origine française de ses produits pour renforcer cette image de qualité. Il crée également une page web multilingue pour toucher une audience internationale.

Enfin, il adapte son argumentaire de vente pour répondre aux attentes de sa clientèle internationale.

Il met en avant les normes de qualité strictes en vigueur en France pour rassurer les clients étrangers et insiste sur le caractère naturel et respectueux de l'environnement de ses produits.

Grâce à sa stratégie libérale, le vendeur de produits bio réussit à développer son entreprise à l'international et à augmenter ses marges.

Il se rend compte que la pensée libérale peut être un véritable atout pour un vendeur qui souhaite se démarquer de la concurrence et trouver de nouveaux marchés pour son entreprise.

Très bien à présent, imaginez que vous êtes dans le domaine de la finance, et que vous avez appris à penser de manière libérale. Lors d'une présentation à un client potentiel, vous pouvez utiliser le libéralisme pour renforcer votre argumentaire de vente.

Vous pourriez dire : *"En tant que libéral, je crois que chaque individu a le droit de prendre en main sa propre vie financière, sans être entravé par des réglementations excessives. En choisissant notre entreprise, vous aurez accès à une gamme de produits et de services financiers innovants et adaptés à vos besoins spécifiques. Vous serez en mesure de prendre des décisions éclairées en matière d'investissement, de planification financière et de gestion de patrimoine, sans avoir à subir les contraintes bureaucratiques des grandes institutions financières. Notre approche libérale permet à nos clients de tirer pleinement parti de leur potentiel financier, en leur donnant la liberté de gérer leur argent comme ils le souhaitent."*

En présentant le libéralisme comme un avantage clé de votre offre, vous démontrez à votre prospect que vous partagez ses convictions et ses principes fondamentaux.

En leur offrant des produits et services adaptés à leurs besoins, vous leur donnez la liberté de gérer leur argent comme ils le souhaitent, sans avoir à se soucier des contraintes bureaucratiques des grandes institutions financières.

En fin de compte, cela leur permet de prendre des décisions éclairées en matière de finances et de maximiser leur potentiel financier.

De plus, si vous êtes un entrepreneur en herbe et que vous avez une idée incroyable, que vous êtes passionné et que vous savez que votre projet peut changer le monde.

Cependant, seul le financement vous manque pour réaliser votre rêve et vous devez convaincre des investisseurs de vous soutenir.

Vous vous rendez donc à une réunion d'investisseurs et vous vous trouvez face à un panel de personnes qui cherchent à investir dans les projets les plus prometteurs.

Vous commencez votre présentation en expliquant votre projet avec passion et en détaillant les avantages qu'il apporte à la société.

Mais vous savez que cela ne suffit pas. Vous devez également *expliquer comment vous allez gagner de l'argent et générer des bénéfices pour vos investisseurs.*

C'est là que le libéralisme entre en jeu.

Vous expliquez comment votre projet s'inscrit dans le cadre d'un marché libre, comment il répond à une demande réelle et comment il utilise les forces du marché pour générer des revenus.

Vous montrez comment votre entreprise est compétitive et qu'elle a un avantage concurrentiel sur le marché. Vous prouvez comment votre projet est rentable à court et à long terme.

En optant pour une approche libérale, vous démontrez aux investisseurs que votre projet ne se limite pas à son impact positif sur la société, mais qu'il est également rentable d'un point de vue financier.

Vous les incitez à investir dans votre entreprise car ils voient comment leur argent peut être utilisé pour générer des bénéfices pour eux-mêmes et pour la société dans son ensemble.

En fin de compte, en utilisant l'approche libérale, vous avez réussi à convaincre les investisseurs de vous soutenir.
Vous avez prouvé que votre projet était à la fois éthique et financièrement solide, et vous avez utilisé les principes du marché libre pour le prouver.

Vous avez montré que le libéralisme est une approche gagnante pour les entrepreneurs qui cherchent à vendre leur idée à des investisseurs.

Noter que <u>cela ne signifie pas que tout le monde doit adhérer au libéralisme</u>.

Nous avons *tous des convictions et des croyances différentes*, et c'est ce qui rend notre monde si diversifié et intéressant.

Pour autant, je crois durement que l'approche libérale est un état d'esprit qui peut être adopté par tous les vendeurs pour atteindre leurs objectifs.

CHAPITRE XXI - LES 20 PREMIÈRES SECONDES QUI CHANGENT TOUT :

COMMENT DEVENIR UN EXPERT DE LA VENTE DÈS LE PREMIER CONTACT

Nous avons tous entendu dire que la première impression est cruciale dans n'importe quelle situation, mais cela est particulièrement vrai dans notre monde actuel.

Les 20 premières secondes sont souvent les plus décisives, car elles peuvent faire la différence entre un client qui collabore avec vous ou qui part en courant.

Dans ce chapitre, nous allons voir comment optimiser ce moment clé en utilisant une technique reconnue de PNL et en développant votre charisme.

Mais avant de plonger dans les détails, permettez-moi de vous raconter une petite anecdote...

Il y a quelques années, j'ai rencontré un commercial qui avait une approche unique en matière de prospection porte à porte BtoB.

Au lieu de se présenter de manière traditionnelle et de commencer à parler de son produit, il a choisi d'utiliser une approche différente et beaucoup plus créative.

Lorsqu'il sonnait à la porte de son prospect, il se présentait en souriant et en disant : "Bonjour, je m'appelle [nom], et je suis venu vous aider à résoudre un problème que vous allez bientôt avoir."

Cette phrase était subtilement construite pour utiliser des techniques de PNL qui instillent dans l'esprit du prospect la conviction que le commercial était un consultant expert qui savait exactement quel était le problème qu'il allait bientôt rencontrer.

Cette approche avait un impact énorme sur le prospect, qui se sentait immédiatement en confiance et rassuré.

Il était persuadé que le commercial avait la solution à son problème et était donc beaucoup plus ouvert à poursuivre la conversation.

Après avoir entendu l'histoire de ce commercial qui utilisait une approche créative et efficace en matière de prospection porte à porte, vous devez vous demander comment vous pouvez vous aussi devenir un expert de la vente dès le premier contact.

Comme je l'ai mentionné précédemment, les 20 premières secondes sont cruciales dans tout contact avec un prospect ou un client.

C'est pourquoi il est important de soigner votre approche et d'utiliser des techniques de PNL pour optimiser ce moment clé.

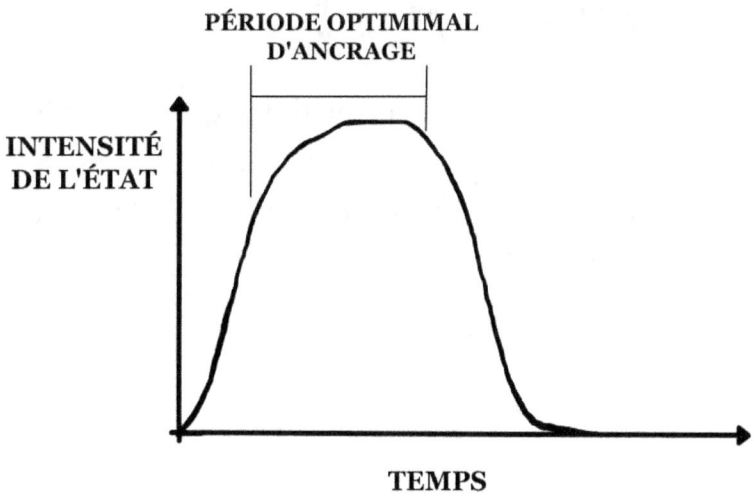

Le meilleur moment pour ancrer une émotion souhaitée est lorsqu'elle est à son apogée, c'est-à-dire lorsque vous ressentez l'émotion la plus intense.

Cela peut être un moment de joie, d'enthousiasme, de motivation, ou même un moment de relaxation profonde.

Le fait de l'ancrer à ce moment-là permet de renforcer l'association entre la situation et l'émotion désirée, de manière à pouvoir y accéder plus facilement à l'avenir.

La première étape pour devenir un expert de la vente dès le premier contact est de créer un ancrage, comme nous l'avons vu dans le précédemment.

Vous pouvez utiliser la même méthode que celle utilisée pour créer un ancrage pour perdre du poids, mais cette fois-ci, vous allez vous concentrer sur votre charisme et votre influence.

VOICI COMMENT CRÉER VOTRE ANCRAGE CHARISMATIQUE ET INFLUENT :

ÉTAPE 1 : Prenez un papier et un stylo.

ÉTAPE 2 : Écrivez ce que vous voulez accomplir dans votre rôle de vendeur charismatique et influent. Par exemple, vous pourriez écrire : "Je veux être un vendeur charismatique et influent qui inspire la confiance et suscite l'intérêt dès le premier contact."

ÉTAPE 3 : Ensuite, écrivez une liste de toutes les qualités que vous devez posséder pour atteindre cet objectif. Par exemple : confiance en soi, empathie, écoute active, capacité à susciter l'intérêt, etc.

ÉTAPE 4 : Lisez à voix haute chaque élément de votre liste et imaginez-vous en train de posséder ces qualités. Visualisez-vous en train de discuter avec un prospect et de les utiliser avec succès.

ÉTAPE 5 : Répétez ce processus plusieurs fois jusqu'à ce que vous ayez créé un ancrage solide pour votre charisme et votre influence.

Maintenant que vous avez créé votre ancrage, vous pouvez l'utiliser chaque fois que vous vous apprêtez à rencontrer un prospect ou un client.

Avant de sonner à la porte ou de prendre l'appel, prenez quelques instants pour vous concentrer et visualisez-vous en train d'utiliser vos qualités charismatiques et influentes avec succès.

Lorsque vous êtes en contact avec le prospect, utilisez une approche positive et confiante, tout en étant à l'écoute de ses besoins.

Utilisez des techniques de PNL subtiles, comme la phrase que le commercial utilisait, pour instiller dans l'esprit du prospect la conviction que vous êtes un consultant expert qui peut résoudre son problème.

Enfin, n'oubliez pas que la première impression est importante, mais elle ne fait pas tout.

Continuez à travailler sur votre charisme et votre influence pour devenir un expert de la vente dès le premier contact, mais aussi pour maintenir cette image positive tout au long de votre relation avec le client

Si vous êtes un expert en marketing digital et que vous êtes en train de donner une présentation à un groupe de dirigeants.

Vous voulez les convaincre de l'importance d'avoir une stratégie de marketing digital pour leur entreprise, mais vous sentez que certains d'entre eux ne sont pas vraiment intéressés.

Vous pouvez utiliser l'espace, l'environnement et un appel à l'action en invitant les participants à sortir de leur zone de confort et à se déplacer physiquement dans la salle pour mieux comprendre votre point de vue.

Par exemple, vous pourriez dire :

"Je vous invite à vous lever et à vous déplacer vers la table au fond de la salle. Là-bas, vous trouverez une feuille de papier avec un point rouge dessus. J'aimerais que vous preniez cette feuille et que vous la regardiez attentivement. Maintenant, imaginez que ce point rouge représente votre entreprise. Vous voyez tous ces autres points autour de vous ? Ce sont vos concurrents. Ils sont tous en train d'investir dans le marketing digital, et si vous ne suivez pas leur exemple, vous risquez d'être laissé pour compte."

En utilisant le contexte, vous avez invité les participants à se déplacer physiquement dans la salle pour mieux comprendre votre point de vue.

En même temps, vous avez créé une situation captivante en utilisant une métaphore visuelle pour les convaincre de l'importance du marketing digital.

Un autre exemple de cette technique pourrait être utilisé dans une situation de vente.

Imaginez que vous êtes un vendeur de voitures et que vous essayez de convaincre un client potentiel d'acheter une voiture de luxe. Vous pourriez dire :

"Je vous invite à prendre place dans la voiture et à vous installer confortablement. Maintenant, imaginez que vous êtes en train de rouler sur une route sinueuse, les cheveux au vent, avec cette musique en arrière-plan. Vous ressentez la puissance de cette voiture, la douceur de la suspension, le confort des sièges. Vous pouvez imaginer à quel point votre vie serait plus agréable si vous conduisiez cette voiture tous les jours ?"

Encore une fois, en utilisant cette technique, vous avez invité le client à sortir de sa zone de confort et à se déplacer physiquement dans la voiture pour mieux comprendre les avantages de l'achat en activant tous ses sens (VAKOG-R). En même temps, vous avez créé une situation captivante en utilisant une métaphore visuelle et sonore pour les convaincre de l'achat.

Imaginez que vous êtes dans une soirée et que vous repérez une personne qui vous intéresse.

Vous voulez entamer la conversation, mais vous ne savez pas comment aborder la personne. Au lieu de dire simplement "Salut, ça va ?", vous pourriez utiliser une technique d'accroche plus intéressante.

Par exemple, vous pourriez dire "Je ne peux pas m'empêcher de remarquer que vous portez des chaussures très originales. D'où viennent-elles ?"

Cette approche montre que vous avez remarqué quelque chose d'unique chez la personne, ce qui peut être flatteur.

De plus, cela montre que vous êtes curieux et intéressé à en savoir plus sur cette personne.

Une fois que la conversation est lancée, vous pouvez continuer à utiliser des techniques pour maintenir l'intérêt de votre interlocuteur.

Par exemple, vous pouvez utiliser des questions ouvertes pour encourager la personne à parler de ses passions ou de ses expériences de vie.

Ou encore, vous pouvez utiliser des histoires ou anecdotes pour illustrer vos propos et captiver l'attention de votre interlocuteur.

En utilisant des techniques d'accroche et de conversation intéressantes, vous pouvez augmenter vos chances de créer une connexion avec une personne que vous venez de rencontrer.

Cela peut être utile dans de nombreuses situations, que ce soit lors d'une soirée, d'une rencontre professionnelle, ou tout simplement dans la vie de tous les jours.

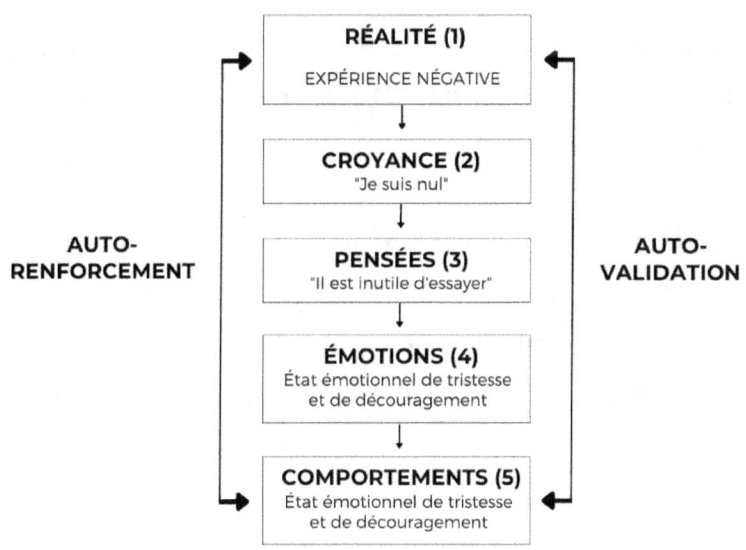

Les croyances sont des convictions profondes que nous avons sur nous-mêmes, les autres et le monde qui nous entoure.

Elles sont souvent formées à partir de nos expériences passées et peuvent avoir une grande influence sur notre comportement et nos émotions.

L'auto-renforcement se produit lorsque nous agissons de manière cohérente avec nos croyances, ce qui renforce encore plus ces croyances.

Par exemple, si vous croyez que vous êtes incapable de réussir quelque chose, vous pouvez être moins motivé pour essayer de le faire, ce qui confirme votre croyance d'incapacité et renforce votre comportement de ne pas essayer.

Le modèle interrupteur, également connu sous le nom de "pattern interrupt" en anglais, est une technique de persuasion utilisée en PNL (programmation neurolinguistique) pour influencer le comportement et la pensée d'une personne.

Cette technique consiste à interrompre le modèle mental ou la pensée d'une personne, en l'amenant à sortir de sa routine habituelle et à se concentrer sur ce qui se passe autour d'elle.

Cette interruption brève est utilisée pour susciter un changement dans les habitudes de pensée et de comportement d'une personne.

L'efficacité de cette technique repose sur le fait que notre cerveau est conditionné à reconnaître les schémas et les habitudes, donc lorsque ces modèles sont interrompus, cela crée une opportunité pour une nouvelle expérience et un nouveau comportement.

En ce qui concerne la vente, le modèle interrupteur est particulièrement efficace car il peut être utilisé pour capturer l'attention du prospect dès le début de la conversation.

En utilisant une phrase d'accroche ou une question inattendue, le vendeur peut interrompre la routine de pensée du prospect et l'inciter à se concentrer sur la conversation.

Une fois que l'attention du prospect est captée, le vendeur peut utiliser des techniques de PNL pour influencer le prospect et le guider vers une décision d'achat.

L'originalité et l'efficacité du modèle interrupteur résident dans sa capacité à *capturer l'attention et à susciter un changement rapide* de comportement.

Cette technique permet au vendeur de sortir des sentiers battus et d'adopter une approche créative pour se connecter avec le prospect.

Cependant, il est important d'utiliser cette technique avec précaution, car elle peut également avoir l'effet inverse si elle est mal utilisée.

Le modèle interrupteur doit être utilisé de manière subtile et appropriée pour être efficace.

En 2015, la chaîne de supermarchés française Intermarché a lancé une campagne publicitaire pour promouvoir les fruits et légumes moches, appelés "les gueules cassées".

L'objectif de la campagne était de réduire le gaspillage alimentaire en encourageant les clients à acheter des produits qui étaient souvent jetés à cause de leur apparence.

La publicité commençait par montrer des fruits et légumes parfaits et brillants, comme on les voit habituellement dans les supermarchés.

Puis, soudainement, une musique entraînante et humoristique commence à jouer, et l'on voit apparaître des fruits et légumes qui sont tous difformes, avec des formes étranges et des bosses.

La musique s'arrête brusquement, et une voix-off dit "Ces fruits et légumes n'ont pas le droit de se trouver dans nos magasins, simplement parce qu'ils ne sont pas assez beaux. Ils sont moches, mais ils ont bon goût".

Cette publicité a utilisé la technique du pattern interrupt en créant un contraste entre les fruits et légumes parfaits et les "gueules cassées".

La musique et les images humoristiques ont attiré l'attention des téléspectateurs, tout en les incitant à réfléchir à la question du gaspillage alimentaire.

En fin de compte, la campagne a été un succès, car elle a encouragé les clients d'Intermarché à acheter les fruits et légumes moches, réduisant ainsi le gaspillage alimentaire.

Avec de la persévérance, de la détermination et une vision claire de vos objectifs, vous êtes sur la voie de la réussite.

Ne laissez pas les obstacles vous décourager, mais utilisez-les plutôt comme des occasions d'apprentissage et de croissance.

Gardez à l'esprit que chaque petit pas vous rapproche un peu plus de votre destination.

Continuez à travailler dur, restez concentré sur votre vision, et vous atteindrez sans aucun doute vos objectifs.

Vous êtes la clé de votre propre succès !

OUTRO - UNE HISTOIRE SANS FIN

Cher lecteur,

Et voilà, c'est la fin de ce livre, mais rassurez-vous, l'histoire de la vente est une histoire sans fin.

Comme nous l'avons vu ensemble, vendre est un art qui nécessite intelligence, stratégie et savoir-faire.

Les vendeurs intelligents qui ont compris les leviers de la vente peuvent réussir dans tous les domaines, et je suis convaincu que vous en faites partie.

Je vous encourage donc à continuer à développer vos compétences en tant que vendeur expert.

N'hésitez pas à partager vos histoires de vente avec moi et avec la communauté.

Et n'oubliez pas, comme le dit le célèbre proverbe : "La vente ne dort jamais".

Alors, soyez prêts à relever tous les défis et à transformer chaque opportunité en succès. Merci de m'avoir suivi jusqu'ici, et que votre histoire de vente continue à jamais.

Avant de nous quitter, j'aimerais partager une dernière réflexion avec vous.

La vente est bien plus qu'une simple transaction commerciale.

C'est une façon de nouer des relations, de créer des liens et de faire progresser nos vies et nos affaires. Elle nous permet de toucher les gens, de comprendre leurs besoins et de les aider à réaliser leurs rêves.

Je suis convaincu que chaque lecteur de ce livre a une histoire à raconter.

Une histoire de réussite, de persévérance et de détermination. Une histoire qui prouve que la vente est une force puissante pour changer le monde.

Je vous encourage donc à partager votre histoire.

Racontez-nous comment vous avez utilisé les techniques que vous avez apprises dans ce livre pour réaliser vos objectifs.

Dites-nous comment vous avez surmonté les obstacles et triomphé de l'adversité. Et si vous avez trouvé ce livre utile, n'hésitez pas à le partager avec d'autres.

La vente ne se limite pas à la réussite personnelle.

Elle nous permet également de faire progresser notre société dans son ensemble. Elle crée des emplois, stimule l'innovation et améliore notre qualité de vie.

En fin de compte, c'est ce qui fait de la vente un métier si important et si gratifiant.

Mais n'oubliez pas, le succès en vente ne se mesure pas seulement en termes de chiffre d'affaires, mais aussi en termes de relations durables et de clients satisfaits.

Vous êtes maintenant membre de l'élite des vendeurs intelligents, ceux qui ont compris les leviers pour vendre intelligemment.

Ce n'est pas la fin de votre histoire dans la vente. Au contraire, c'est un nouveau départ.

Vous avez maintenant les outils pour réussir, et vous êtes désormais membre d'une communauté d'experts en vente.

En lisant ce livre, vous êtes maintenant des *"vendeurs intelligents"*, des personnes qui ont les compétences nécessaires pour réussir dans le monde compétitif des affaires.

J'aimerais vous dire une chose. Vous n'êtes pas simplement des vendeurs, vous êtes des experts de la vente ! Vous avez les compétences et le savoir-faire pour convaincre n'importe qui.

Alors continuez à mettre en pratique les conseils de ce livre, à être intelligents et stratégiques dans vos approches, et à vous comporter en tant qu'experts en vente que vous êtes.

Je vous remercie d'avoir choisi ce livre pour vous aider à améliorer vos compétences en vente. Et je vous encourage à continuer à développer vos talents et à poursuivre vos rêves avec passion et détermination.

Au plaisir de lire vos histoires de réussite. Nous sommes impatients de voir où votre voyage de vente vous mènera.

Sincèrement,
Diakité Jean-Raymond

REMERCIEMENT

Je suis profondément reconnaissant envers ma mère, Saran Monique DIAKITÉ, pour tout ce qu'elle m'a apporté dans ma vie, tant sur le plan personnel que professionnel.

Son dévouement pour les projets sociaux et caritatifs m'a inspiré à être plus altruiste et à donner plus de moi-même pour aider les autres.

Je suis également reconnaissant pour les enseignements et l'éducation qu'elle m'a donnés, qui m'ont permis de devenir la personne que je suis aujourd'hui.

Sa présence aimante et encourageante m'a poussé à prendre de la place et à explorer de nouveaux horizons.

Je tiens également à exprimer ma gratitude envers ma compagne, dont l'aide précieuse dans la relecture et la rédaction de mon livre a été indispensable pour en faire un succès.

Sa patience et son soutien inconditionnel m'ont inspiré à persévérer et à atteindre mes objectifs.

Enfin, je souhaite remercier tous ceux qui ont contribué à ce projet, qui ont partagé leurs connaissances, leurs compétences et leur temps pour m'aider à réaliser ce livre.

Votre contribution a été inestimable et j'espère que cela vous inspire également à poursuivre vos propres rêves.

À PROPOS DE L'AUTEUR

Je suis Jean-Raymond Diakité, l'auteur de "Smart Business Savoir Vendre".

Ma passion pour la vente m'a été transmise dès mon plus jeune âge, lorsque j'ai commencé à aider ma mère sur les marchés locaux.

J'ai rapidement développé une incroyable capacité à créer des émotions positives chez mes clients, en les rendant heureux, satisfaits et apaisés.

Au fil du temps, j'ai développé une expertise dans la vente additionnelle et complémentaire, ainsi que dans la création de pages de vente axées sur l'influence et les émotions.

Cette expertise m'a permis de signer des contrats de plusieurs milliers d'euros, créant de la valeur pour les entreprises et générant une rentabilité importante.

Au-delà de mes réussites commerciales, j'ai également acquis une précieuse expérience en prospection porte-à-porte, en travaillant avec des chirurgiens-dentistes et des cabinets dentaires pour la vente d'articles et de consommables dentaires de Marseille à Montpellier.

Cette expérience m'a permis de développer des compétences en matière de négociation et de compréhension profondément humaine des états émotionnels.

En tant qu'auteur, je suis avant tout humain, positif et captivant.

Dans mon livre "Smart Business Savoir Vendre", je partage ma passion pour la vente et la PNL.

Mon approche axée sur l'influence et les émotions offre des conseils pratiques et des techniques subtilement innovantes pour aider les entrepreneurs et les entreprises à améliorer leur Smart Business et à susciter des émotions positives chez leurs clients.

Pour me contacter, vous pouvez envoyer un mail à l'adresse suivante : diakitejeanraymond@yahoo.com

Si vous souhaitez échanger directement avec moi-même sur votre lecture, n'hésitez pas à m'envoyer votre message.